Practice Exercises
for Mastering English Articles

英語冠詞ドリル

遠田和子
Kazuko Enda

KENKYUSHA

英語冠詞ドリル

PRINTED IN JAPAN

● はじめに

▌ 『英語冠詞ドリル』が目指すもの

『英語冠詞ドリル』は以下の2点を目指しています。

1 大量の問題をこなすことで、英語話者の冠詞の使い方を感覚的に身に付ける。
2 フローチャートに沿って適切な冠詞の使い方を見極める。

まず1から説明しましょう。日本語と英語では「ものの見方」が根本的に違いますから、その違いを理解しないと冠詞を正しく使えません。そのための効果的な方法は、多くの問題を解きながら英語の感覚を養うことです。本ドリルでは545問の練習問題を用意しました。問題文は身近な事柄からグローバルな話題まで幅広く取り上げました。また新語・口語や慣用表現も盛り込んでいます。問題を解きながら、ボキャブラリーの増強も図ってください。

2について説明しますと、本書では英語の感覚を理解する3つのステップからなるフローチャートを基に説明しています（次ページの図を参照）。Step 1 では、境目（決まった形）があるか否かを基準に、ものを「数えられる（countable: [C]）」ものと「数えられない（uncountable: [U]）」ものに、大きくふたつに分けます。Step 2 では、数えられるカテゴリーに属するものの単数・複数を見極めます。最後の Step 3 では、対話相手との「知識の共有」を考えて適切な冠詞を選びます。

本書は『フローチャートでわかる英語の冠詞』（遠田和子、2022 研究社）の続編です。同書にある冠詞選択の基本概念を理解したうえで本書の問題を実際に解いてみましょう。それによって、冠詞の選択スキルが習得できるは

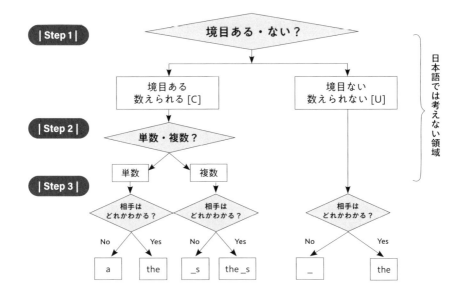

Step 1　数えられるか数えられないか（境目の有無：ものの見方）

Step 2　単数か複数か（数の意識）

Step 3　相手はどれかわかるか（知識の共有）

ずです。ステップごとに、ものの見方・数の意識・知識の共有という3つのテーマを重点的に学習できるように配慮しました。また『フローチャートでわかる英語の冠詞』の参考ページも適宜記載しています。

　ただし『フローチャートでわかる英語の冠詞』が手元にない方もいるでしょう。そんな方のために、英語の世界観を理解する基本として欠かせない「数の意識」について、以下に簡単に説明します。問題に取り組む前にぜひ読んでください。

▍ 「数の意識」の重要性

　英語話者は世の中にあるすべてのものを「数えられるか・数えられないか」できっぱり二分し、常に数を意識しています。一方、日本語では名詞の「数」を特に気にする必要がありません。そのため英語の冠詞を選ぶ時、フローチャートの Step 1 と Step 2 をほとんど考えないという問題が生じます。この問題に対処し、英語話者が無意識に行っているプロセスを意識的にたどっていただくために、本フローチャートを用意しました。

　次の日本語文を見てください。日本語ではロールパンもトーストも同じ「パン」と認識されます。文面では個数はわかりません。数が不明でも和文は成立します。

　　　ユミは朝ごはんに**ロールパン**を食べた。
　　　ユミは朝ごはんに**トースト**を食べた。

　ところが英語の世界では「ロールパン」（roll）と「トースト」（toast）は異なるカテゴリーに属します。roll は焼き上げた時から一定の形で決まった境目があるので「数えられる」と認識されます。数えられるなら、それは単数か複数かどちらかでなければなりません。

　　　Yumi had **a roll** for breakfast.　数えられる → 単数なら a が付く
　　　または
　　　Yumi had **rolls** for breakfast.　数えられる → 複数なら s が付く

　一方、toast は焼いたパン（a loaf of bread）をスライスしたものです。切り方により厚さはまちまちで形が決まらないので、「数えられない」と認識されます。数えるためには a piece of など単位を付けなくてはなりません。

　　　Yumi had **toast** for breakfast.　数えられない → 無冠詞

日本人はこのようなロールパンとトーストの違いがほとんど認識できません。だからこそ、Step 1 で「数えられる・数えられない」を見極め、Step 2 で数えられるものの「単数・複数」を確かめる必要があります。また上記の

日本語で見るものの世界

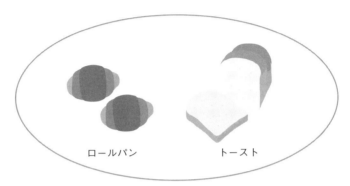

数えないで言及できる（区別しない）

英語で見るものの世界

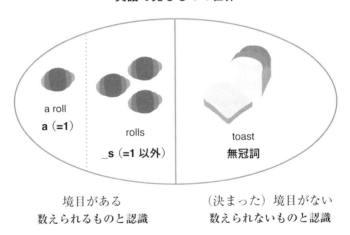

境目がある　　　　　　　　（決まった）境目がない
数えられるものと認識　　　数えられないものと認識

例文では、roll にも toast にも the が付けられません。the は「例の」を表しますので、相手はいきなり the roll, the toast と言われても、「どのロールパンやどのトースト」かわからないからです。これが Step 3 で行う判断です。

　もうひとつ、英語話者の数へのこだわりを感じさせる例を挙げましょう。

　　Sue とお友達ですか？

　こう聞かれたら「友達」を指す friend は単数と複数のどちらだと思いますか？日本人の感覚では「自分のことだからひとり（単数）」と感じませんか。ところが英語では複数形 friends を使って次のように言います。

　　Are you **friends** with Sue ？

「あなたと Sue が友達ならば、ふたり（複数）の人物が存在する」という認識です。「物と物」「人と人」との関係性において数の意識がしっかりと働いていることがわかります。
「数の意識」は英語の冠詞を理解するうえで最も大事な概念です。英語の冠詞が苦手だという人は、名詞を使う時「a と the のどっちを付けようか……」と迷っているように思えます。フローチャートでいうと、いきなり Step 3 から始めているようなものです。Step 1, Step 2 のステップを踏んで判断しなければ冠詞をうまく選べません。フローチャートの 3 ステップを着実に重ねて問題をこなし、常に数を意識して相手と知識が共有できているかどうか判断する英語の感覚を少しずつ身に付けましょう。英語話者と同じように特に意識することなく冠詞が選べるレベルを目指しましょう。

遠田和子

8

9

『フローチャートでわかる英語の冠詞』同様、本書『英語冠詞ドリル』にもフローチャートで「薄くなっている」部分があります。その部分はその段階では取り上げていないステップ、冠詞を選択する可能性がないフローを示しています。たとえば、ある名詞を考えるとき、それは「境目ある、数えられる [C]」ものであり、その対称である「境目ない、数えられない [U]」ものでなければ、「境目ない、数えられない [U]」以下のフローは薄くしてあります。ご注意ください。

| Step 1 |

境目ある・ない？
数えられる [C]・数えられない [U]?

日本語の訳語は同じだが、英語では[C]と[U]が異なる名詞

　日本語だと同じ意味になったり、似た訳語があてはまる英単語も数多く存在します。たとえば、research と study は日本語にすると、どちらも「研究」になります。こうした英単語は日本語にすると意味が同じか、似たような表現になりますが、可算（countable: 以下 [C]）か不可算（uncountable: 以下 [U]）で考えれば、異なるカテゴリーに属すことがあります。ですので、冠詞選びの出発点である「数えられるか・数えられないか」を判断するステップを忘れると、よく間違いを犯してしまいます。

　このセクションでは [U] と [C] の判断ミスをしばしば見かける英単語を集めてみました。紹介する単語は可算・不可算を表示する英和辞典、英英辞典で調べれば、カテゴリーがわかるものばかり。ですので、冠詞選びの初めの一歩 Step 1 で [U] と [C] を迷ったら、まずは辞書を引いて確かめましょう。

　練習問題では「純粋 [U] 名詞」を多く取り上げました。これはどんな文脈でも「境目がなく数えられない [U]」カテゴリーに入る名詞で、英語の膨大な語彙の中ではほんの少ししかありません。覚えておいて損はありません。

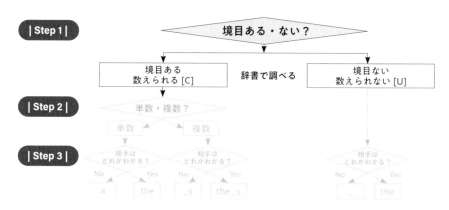

　続く問題で、[C] 名詞には a と複数形 s が付くケースのみ扱っています。[U]名詞の場合はすべて無冠詞です。

Step **1-1**　練習問題

Q. 括弧内には **a** が入りますか、それとも無冠詞ですか。

学生たちは無炭素エネルギー生成の**研究**について学んだ。

Students learned about (　**1**　) **research** on the generation of carbon-free energy.

学生たちは無炭素エネルギー生成の**研究**について学んだ。

Students learned about (　**2**　) **study** on the generation of carbon-free energy.

---

1. 無冠詞

research は [U] 名詞なので無冠詞で使う。不定冠詞を付けて a research とするのは間違い。researches という複数形を目にすることがあるが使い方は限られていて、数える場合には piece of, two pieces of research のようにいう。

例：extensive research 広範囲の研究、insufficient research 不十分な研究、marketing research（市場調査）

2. a

study は個別の「研究」を表す [C] 名詞。単数ならば a study, 複数ならば studies の形になる。

Q. 括弧内には **a/an** が入りますか、それとも無冠詞ですか。

砂糖は**有機物**です。

Sugar is (　**3**　) **organic matter**.

砂糖は**有機物**です。

Sugar is (　4　) **organic substance**.

3. 無冠詞

「物質」を意味する matter は [U] 名詞。「印刷物」（printed matter）、「読み物」（reading matter）などの意味で使われる時も集合的な概念で数えられない。ただし「事柄、問題、事件」などを表す時は数えられるカテゴリーに入る（例：a matter of great importance「大変重大な事」）。広義の単語で、[C] か [U] かで意味が大きく変わるので、用法を辞書で確認して判断すること。

4. an

「物質」を意味する substance は [C] 名詞。

Q. 括弧内には **a** が入りますか、それとも無冠詞ですか。

新型コロナウィルス感染症の発生直後、トイレット・ペーパーがひっぱりだこの**商品**になった。

Toilet paper became (　5　) hot **commodity** soon after the outbreak of COVID-19.

マスクや手の消毒液などの**商品**への需要も大きかった。

There was also a strong demand for certain types of (　6　) **merchandise**, such as face masks and hand sanitizers.

5. a

commodity は「商品、日用品、生活必需品」を表す [C] 名詞で、しばしば複数形 commodities で使われる。

6. 無冠詞

merchandise は集合的に「商品」を表す [U] 名詞。似た単語に常に複数形で使う goods がある。

Q. 括弧内には a が入りますか、それとも無冠詞ですか。

コメディアンの冗談に**大きな笑い声**が起こった。

The comedian's joke got (　**7**　) **big laugh**.

コメディアンの冗談に**大きな笑い声**が起こった。

The comedian's joke drew (　**8**　) **loud laughter**.

---

7. a

laugh は [C] 名詞で「笑い、笑い声」を指す。数えられる名詞なので、笑い声の「始まりと終わり」が感じられる単語。笑い方の違いを描写できる同義語も多く、a smile（声を出さずに笑う表情）、a chuckle（低い声での笑い）、a giggle（くすくす笑い）、a guffaw（高笑い、ばか笑い）などがある。これらの単語はどれも [C] 名詞として使う。

8. 無冠詞

laughter は [U] 名詞。laugh は一人の比較的短い時間の笑いを指すことが多いが、laughter はより長い期間の笑いを指す。笑いの行為や音声に重きを置く語。a fit/fits of laughter は「突然起こる笑い声」の意味で a fit ならば単発、fits ならば繰り返しの笑い声を表現できる。

Q. 括弧内には a が入りますか、それとも無冠詞ですか。

そ公園のスペースを使うには市の**許可書**が必要だ。

You need to get (　**9**　) **permit** from the city to use the park space.

15

その公園のスペースを使うには市の**許可**が必要だ。

You need to get (　**10**　) **permission** from the city to use the park space.

9. a

permit は「許可証、許可書」の意味で [C] 名詞。

10. 無冠詞

「許可、認可、許し」の意味の permission は [U] 名詞なので get a permission とするのは間違い。ただし公文書の「許可書」の意味で使う時は [C] 名詞で permissions とすることもある。この場合、通常は複数形で使う。

Q. 括弧内には a が入りますか、それとも無冠詞ですか。

上司の有益な**助言**があった。

My boss gave me (　**11**　) useful **advice**.

上司の有益な**助言**があった。

My boss gave me (　**12**　) useful **tip**.

上司の有益な**提言**があった。

My boss made (　**13**　) useful **suggestion**.

11. 無冠詞

advice は純粋 [U] 名詞で形容詞 useful が付いても無冠詞のまま。数えるには a piece/word of advice など何らかの単位を付ける必要がある。日本語で「アドバイスが３つ」などと言うので「数えられる」と勘違いすることがある。数えるためには three pieces of advice としなくてはならない。

12. a

tip は [C] 名詞で単数ならば a tip、複数ならば tips とする。

13. a

具体的なある「提言 suggestion」は内容によってほかの suggestion と区別できるので「数えられる」と認識される。ここでは単数なので a が付く。

▌ワンポイントアドバイス ▌ **純粋 [U] 名詞**

英語の名詞は「数えられる」と「数えられない」の 2 大カテゴリーに分けられ、どちらに分類されるかにより冠詞の用法が変化する。日本人が冠詞はむずかしいと思うのは、同じ単語が状況の違いによって両方のカテゴリーで使われるのが大きな原因。ただ純粋 [U] 名詞に関しては、「数えられない」カテゴリーでしか使えない。つまり全体フローチャートを見ればわかるように、冠詞の選択は無冠詞か the かの二者択一になる。その意味で純粋 [U] 名詞を覚えておけば冠詞の迷いが減る。

『フローチャートでわかる英語の冠詞』p.47-49 参照

Q. **括弧内には a が入りますか、それとも無冠詞ですか。**

トマトには目の健康に良い**栄養素**であるリコピンが豊富に含まれている。

Tomatoes are rich in lycopene, (　**14**　) **nutrient** good for your eyes.

栄養の点で、ドライ・トマトにはリコピンが豊富に含まれている。

In terms of (　**15**　) **nutrition**, dried tomatoes are rich in lycopene.

---

14. a

lycopene（リコピン）は栄養素の 1 つであり、nutrient は種類別に 1 つ、

2つと数えられる [C] 名詞。ここでは nutrient が単数形なので a が入る。

15. 無冠詞

nutrition は「栄養」全般を漠然と指す [U] 名詞でなので、無冠詞で使う。

Q. 括弧内には a が入りますか、それとも無冠詞ですか。

宇宙船のカメラが地球大気の**素晴らしい画像**を捉えた。

The camera on the spaceship captured (　**16**　) **stunning image** of the earth's atmosphere.

宇宙船のカメラが地球大気の**素晴らしい画像**を捉えた。

The camera on the spaceship captured (　**17**　) **stunning imagery** of the earth's atmosphere.

---

16. a

image は [C] 名詞で単数形なので a が入る。

17. 無冠詞

imagery は集合的に「画像」を捉える単語で [U] 名詞。数えられないので a は付けられず、無冠詞で使う。imagery と同じく集合的なものとして捉えられ、-ry で終わる単語に次のものがある。

jewelry, cutlery, machinery, circuitry, poetry, weaponry

Q. 括弧内には a が入りますか、それとも無冠詞ですか。

ガーネットは愛と情熱の**宝石**として知られています。

The garnet is known as (　**18**　) **gem** of love and passion.

皇帝（スルタン）は側室に**宝石**を買い与えた。

The Sultan bought (19   ) **jewel** for his mistress.

そのブティックは金と他の貴金属でできた**宝飾品**を取り揃えている。

The boutique carries (20   ) **jewelry** made of gold and other precious metals.

18. a

gem は [C] 名詞なので単数の場合は a または the が必要。a gem は「1つの宝石」を意味。「貴重なものや人」の意味もある。the gem of love and passion とすることも可能だが、the に「唯一」の意味が含まれるため、ガーネットこそが「愛と情熱の宝石」であるという強調した意味になる。

19. a

jewel は [C] 名詞なので単数の場合は a が必要。gem と同義語。a jewel は「ひとつの宝石」を意味する。

20. 無冠詞

jewelry は純粋 [U] 名詞で、集合的に「宝石類」を表す。数える時は a piece/item of jewelry とする。

Q. 括弧内には a が入りますか、それとも無冠詞ですか。

教室に音響**装置**が必要ですか？

Do you need (21   ) audio **equipment** for your classroom?

整備工場に新しい電気**装置**をお探しですか？

Are you looking for (22   ) new electric **appliance** for your maintenance shop?

実験室の**装置**はしばしば非常に高価です。

(23   ) laboratory **apparatus** can be very expensive.

21. 無冠詞

equipment はどんな文脈であっても「装置、機器」全般を漠然と指す。audio などの形容詞で修飾されても決して a は付かない。このような名詞を純粋 [U] 名詞と呼ぶ。数える時は a piece/pieces of equipment とする。equipments は間違い。このような純粋 [U] 名詞に付く冠詞の判断は、無冠詞か the かのどちらかしかなく、the はコミュニケーションの相手が「どれ」と限定できる時にのみ使う。ここでは「音響装置」を総称しているので無冠詞。

22. a

appliance は [C] 名詞なので単数の場合は a や the（ほかの限定詞も含む）が必要。ここでは「新しい電気装置」はどれかわからないので限定されず a になる。

23. 無冠詞 Laboratory

apparatus は「装置、器具」を表す時は集合的に [U] 名詞として使うことが多い。数えるには a piece of apparatus とする。ただし形容詞で修飾されると a が付くケースもあるため、[C]、[U] 両方表示する辞書がある。

　　例：a portable apparatus, a heating apparatus。

また「（政府などの）機構や組織」を意味する時は、[C] 名詞で使う。その場合は普通単数形。

　　例：the administrative apparatus of a nation 国家の行政機構

Q. 括弧内に log と lumber を適切な形にして入れてください。

> この家は**丸太**で建てられている。
> This house is built with (　**24**　).
>
> この家は**木材**で建てられている。
> This house is built with (　**25**　).

24. logs

log は「丸太、まき」を指し、形（境目）があるものとして認識されるので数えられる。[C] 名詞の場合、単数か複数かを判断しなくてはならない。丸太 1 本で家は建てられないので、複数形 logs とする。

25. lumber

lumber は集合的に「木材、製材」を意味する純粋 [U] 名詞なので無冠詞で使う。同義語の timber も純粋 [U] 名詞である。

Q. 括弧内に machine, machinery と equipment を適切な形にして入れてください。

紡績**機械**の輸出量は、昨年同期より 10 パーセント増加した。

The exports of (　**26**　) for textile spinning increased 10 percent over the same term last year.

日本の生産ライン向けの**機械**と**設備**の輸出額は、コロナ禍で減少した。

Japan's exports of (　**27**　) and (　**28**　) for production lines decreased during the COVID-19 pandemic.

---

26. machines

machine は 1 台、2 台と数えられる「機械」を意味する。[C] 名詞の場合は単数・複数を判断しなくてはならない。文脈から複数であることがわかるので machines とする。

27. machinery

machinery は「機械類」を集合的に示す語で純粋 [U] 名詞。特に限定されていないので無冠詞で使う。

28. equipment

equipment も同様で「装置類」を表す純粋 [U] 名詞。

Q. 括弧内に **baggage** と **bag** を適切な形にして入れてください。

＜空港にて＞

A: 追加の**手荷物**を預けるのにいくらかかりますか？

What is the fee for extra check-in (　**29**　)?

B: **手荷物** 1 個につき 7 ユーロです。

There is a charge of 7 euros per piece of (　**30**　).

A: わかりました。**バッグ**を 2 つ預けます。

OK. I'll check in two (　**31**　).

---

29. baggage

baggage は集合的に手荷物類を表す純粋 [U] 名詞。形容詞 extra や check-in で修飾されても無冠詞のまま使う。luggage は同義語。

30. baggage

数えるために a piece of, two pieces of など単位を付けた時も無冠詞で使う。

31. bags

bag は有形（境目がある）の [C] 名詞。「2 つ」なので複数形 bags にする。

Q. 括弧内に **mail, letter, email** を適切な形にして入れてください。

悠吾は今日**郵便物**をたくさん受け取った。

Yugo got a lot of (　**32**　) today.

悠吾は今日**手紙**をたくさん受け取った。

Yugo got a lot of (　**33**　) today.

悠吾は今日**電子メール**をたくさん受信した。

Yugo got a lot of (　**34**　) today.

お返事は**電子メール**でお願いします。

Please reply by (　**35**　).

32. mail

mail は郵便物を集合的に指す単語で [U] 名詞であるから、a lot of が付いていても無冠詞で mail のまま使う。「たくさん」を表す a lot of や lots of は [C] と [U] 名詞の両方に使える。

33. letters

「手紙」は 1 通、2 通と個別に数えられるので letter は [C] 名詞。「たくさん」なので複数形 letters にする。

34. emails

e メールは electronic mail の略で e-mail と短縮されていたが、最近はハイフンなしの email が標準になっている。もともとは [U] 名詞であったが普及とともに 1 通、2 通と数える [C] 名詞に変化した。ここでは複数形 emails にする。

35. email

by email と言う時は email は具体的な e メールではなく「通信手段」という概念を示している。このような場合は無冠詞単数の email になる。

Q. 括弧内には **a/an** が入りますか、それとも無冠詞ですか。

Denison ホテルは近代的デザインの**建築物**です。

The Denison Hotel is (　**36**　) **structure** of modern design.

私は**建築**、特にゴシック様式の**建築**に興味があります。

I'm interested in (　**37**　) **architecture**, in particular the Gothic style of

(　**38**　) **architecture**.

日本語の訳語は同じだが、英語では [C] と [U] が異なる名詞

23

> 画像処理用のコンピューター・**アーキテクチャ**について研究した。
>
> We have studied (**39**) **architecture** for image processing.

36. a

「建築物」を意味する structure は building と同義語で [C] 名詞。ここでは単数形であるから a が必要。問題文のような of フレーズ（A of B）では名詞 A に付く冠詞を a か the で迷い、機械的に the を付けてしまう人が多い。迷ったら、世の中に存在する「近代的デザインの建築物の数」を考えて欲しい。そのような建築物は Denison ホテル以外にもいくつも存在するので、one of many を示す a structure が適切。

37. 無冠詞

「建築」全般を表す architecture は [U] 名詞であるから無冠詞で使う。

38. 無冠詞

「建築スタイル」を表す architecture は [U] 名詞であるから無冠詞で使う。

39. an または 無冠詞

コンピュータ分野で使う architecture「アーキテクチャ」には [U] と [C] の両方の使い方があり、ハードウェアの基本設計を意味する。例文の日本語からは「アーキテクチャ」が単数なのか複数なのか、または概念なのか不明なので、3 つの形が可能。

architecture	アーキテクチャ全般 （漠然として数えられない [U] 名詞）
an architecture	ある 1 種類のアーキテクチャ（種類が区別できる [C] 名詞の単数形）
architectures	複数の種類のアーキテクチャ（[C] 名詞の複数形）

日本語にすると同じように見えても、英語では [U] と [C] が異なる名詞があるので注意！

[C]か[U]かで意味が変わる名詞

　当セクションでは、ひとつの単語で[U]と[C]の両方の使い方があり、カテゴリーによって意味が変わる名詞を紹介します。どれもaが必要なのに無冠詞のまま使ったり、反対に無冠詞にすべきなのにaを付けたりすると意味が大きく変わる名詞です。こんな単語を正しく使うには、まず「数えられるか・数えられないか」を的確に判断しなくてはなりません。判断の基準は、名詞が指すものに「境目があるか否か」です。たとえば、おにぎりにはほかの物と区別できる形があるので「境目」がありますが、それを作るご飯は米粒が合わさっているので決まった形がなく、「境目」がない。英語の世界ではこのように認識されます。境目があるものは数えられ、境目がないものは数えられません。

境目の有無を考えて「数えられる・数えられない」を判断する。

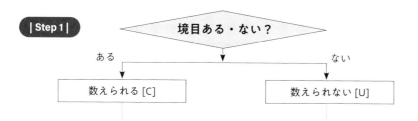

| Step 1 |

境目ある・ない？

ある　　　　　　　　　　　　　　　　　　　　ない

数えられる [C]　　　　　　　　　　　　　数えられない [U]

　英語話者は手で触れられる有形のものだけに境目を感じるわけではありません。抽象的な概念、たとえば始まりと終わりがある「期間」や「出来事」、ほかと区別できる「種類」なども境目があると認識されます。ものをどう捉えるかで決まる境目の有無は、見極めがむずかしいこともあるでしょう。そんな時は次のキーワードを念頭に置いてください。境目の有無つまり可算・不可算を判断しやすくなります。

『フローチャートでわかる英語の冠詞』p.22–29 参照

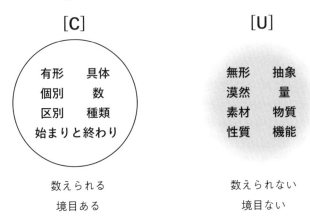

▌ 境目を判断するキーワード ▌

[C]

有形　具体
個別　数
区別　種類
始まりと終わり

数えられる
境目ある

[U]

無形　抽象
漠然　量
素材　物質
性質　機能

数えられない
境目ない

　練習の数をこなして、同じ英単語でも可算・不可算で意味が変わるのを実感してください。[C] と [U] の２大カテゴリーの感覚を磨きましょう。

Step 1-2　練習問題

▌ 具体的か抽象的か、区切りはあるか

Q. 括弧内にはaが入りますか、それとも無冠詞ですか。

Alice は一緒にいて楽しい**仲間**だ。

Alice is (　**1**　) good **company**.

ALICE は良い**会社**だ。

ALICE is (　**2**　) good **company**.

---

1. 無冠詞

company には [U] と [C] の両方の使い方がある。[U] 名詞の時は「一緒にいること、人との付き合い」を意味する。例文のように「（一緒にいる）仲間、友達」を指す時も [U] 名詞として使う。

2. a

「会社」の意味で使う時は 1 社、2 社と数えられる [C] 名詞。単数形 company には a が必要。

Q. 括弧内には a が入りますか、それとも無冠詞ですか。

歴史から学ばなければならない。

We have to learn from (　**3**　) **history**.

A: 　彼氏はどうしてる？

How's your boyfriend?

B: 　もう別れたのよ（**昔**の人・こと）。

He's (　**4**　) **history**.

「歴史の父」と呼ばれるヘロドトスはペルシャ戦争に関する**歴史の本**を書いた。

Herodotus, called "Father of History," wrote (　**5**　) **history** of the Persian Wars.

私の家族には高血圧の**病歴**があります。

My family has (　**6**　) **history** of high blood pressure.

---

3. 無冠詞

history は漠然と「歴史」を意味する時は [U] 名詞なので無冠詞。art history（美術史）、ancient history（古代史）など分野別の歴史でも無冠詞のまま。

4. 無冠詞

「終わったこと、昔の人（恋人）」の意味の history は [U] 名詞。

You're history は「おまえはもうお終いだ」という怖い台詞。

5. a

「歴史の本」を表す history は [C] 名詞。数えられるので複数形 histories にもなる。

6. a

「経歴、履歴、由来」の意味で個別に捉えることのできる history は [C] 名詞。通常は単数形で使う。

Q. 括弧内には a が入りますか、それとも無冠詞ですか。

その看護師は**応急処置**を施している。

The nurse is giving (　7　) **first aid**.

その看護婦は**補聴器**を付けている。

The nurse wears (　8　) **hearing aid**.

---

7. 無冠詞

aid は「援助、救援、助け」など抽象概念を表す時は [U] 名詞で、無冠詞で使う。

8. a

具体的な器具「補聴器」は１個、２個と数えられるため aid は [C] 名詞になる。単数形なので a が付く。

Q. 括弧内には a が入りますか、それとも無冠詞ですか。

仕事があるから今夜は出かけられない。

I can't go out tonight as I have (　**9**　) **work** to do.

彼女のパッチワーク・キルトは芸術**品**だ。

Her patchwork quilt is (　**10**　) **work** of art.

9. 無冠詞

「仕事」の意味の時 work は [U] 名詞。

homework（宿題）、housework（家事）、patchwork（パッチワーク）も同じく数えられない。

10. a

「作品」は個々に区別できて数えられるので work は [C] 名詞。ここでは単数形なのでaが付く。複数形も可能で、works of artは「複数の芸術作品」の意味。

Q. 括弧内には **a** が入りますか、それとも無冠詞ですか。

カメラがくっきりしたイメージを捉えられるように**明かり**を付けてちょうだい。

Turn on (　**11**　) **light** to help the camera pick up a clear image.

物が見えるようにするには**光**が必要だ。

(　**12**　) **light** is needed to make things visible.

11. a

「照明、明かり」という具体的な器具を指す時 light は [C] 名詞。turn on a light の場合、照明なら何でもよい。何を指しているか相手にわかる状況（たとえば部屋の主照明）ならば、turn on the light とも言える。

12. 無冠詞 Light

境目のない無形の「光」を示す light は [U] 名詞なので無冠詞で使う。

Q. 括弧内には a が入りますか、それとも無冠詞ですか。

数字とその単位の間に**スペース**を一個入れなさい。

Put (　**13**　) **space** between a number and its unit.

私の夢は**宇宙**に行くことです。

My dream is to go into (　**14**　) **space**.

13. a

一文字分のスペースは幅が決まっている（境目がある）ので space は [C] 名詞として使われる。ここでは単数形なので a が必要。

14. 無冠詞

space は outer space とも言い、厳密には「宇宙空間」の何もないエリアを意味している。宇宙の果て、つまり境目がどこにあるのかわからないので space は [U] 名詞。

同義語の universe は単に空間だけではなく天体を含む「全宇宙」を指し、全体をまとめる働きを持つ定冠詞 the を付けて the universe とする。

Q. 括弧内には a が入りますか、それとも無冠詞ですか。

妥協の**余地**がある。

There is (　**15**　) **room** for compromise.

席を詰めて（**隙間**を空けて）いただけますか？

Could you please make (　**16**　) **room** for me?

今晩泊まれる**部屋**はありますか？

Do you have (　**17**　) **room** for tonight?

15. 無冠詞

冠詞なしで単数の room を使うと無形で抽象的な「余地」を表す。

16. 無冠詞

境目のない「隙間」の意味で使う時 room は数えられない。[U] 名詞の space と同義語。

17. a

壁で区切られた境目のある部屋を表す room は [C] 名詞。単数形なので a が入る。

> **Q.** 括弧内には a が入りますか、それとも無冠詞ですか。

> ジョンはその化石を**偶然**見つけた。
>
> John found the fossil by (　**18**　) **chance**.
>
> ジョンは仕事を辞めていちかばちか自分の夢を追った。
>
> John took (　**19**　) **chance** by quitting his job to pursue his dream.

18. 無冠詞

漠然とした「偶然」の意味の時 chance は [U] 名詞。「偶然に」を表すフレーズ by chance を覚えるとよい。by accident も同じような意味で使える。

19. a

take a chance は慣用表現で「いちかばちかやってみる、～に賭けてみる」。この意味の時の chance は [C] 名詞。

> **Q.** 括弧内には a が入りますか、それとも無冠詞ですか。

> 欧州連合（EU）は起こりうる食糧不足を食い止めるために食料**生産**を増やしている。

The EU is increasing (**20**   ) food **production** to stave off possible food shortages.

そのバレエ団は毎年「くるみ割り人形」のクリスマス**公演**を行う。
The ballet company puts on (**21**   ) Christmas **production** of the Nutcracker every year.

20. 無冠詞

抽象的な概念「生産」を意味する production は [U] 名詞なので無冠詞。

21. a

劇、映画、TV 番組などの「作品、公演」を示す production は [C] 名詞なので a。

Q. 括弧内には a が入りますか、それとも無冠詞ですか。

そのスタートアップ（新興企業）は新しい**事務所**を探している。
The startup is looking for (**22**   ) new **office**.

ブラウン氏は**役職**を解かれた。
Mr. Brown is out of (**23**   ) **office**.

22. a

office は有形の「事務所、営業所」を指す時は [C] 名詞なので a が必要。

23. 無冠詞

office を [U] 名詞で使うと抽象的な「職、官職、地位、職務」の意味。out of office は「在職していない」または「（政党が）政権を離れている」を意味する。
そのほか、take office（［公職に］就任する）、hold office（在職する）、in office（［公職に］在職する）などのイディオムがある。

ひとつ注意してほしいのは、office に the を付けると意味が激変する。

Mr. Brown is out of the office.

これは「ブラウン氏は外出中だ」の意味。この office は具体的な「事務所、職場」を表す [C] 名詞。ブラウン氏の職場はひとつに限定されるので the を使う。「会社（役所）に出勤する」という時も go to the office と言う。

▊ 素材か個別か

Ⓠ 括弧内には **a** が入りますか、それとも無冠詞ですか。

> **ハンバーガー**を 1 個とフライドポテトください。
> I'll have (　**24**　) **hamburger** and fries.
>
> 母は 1 キロ 3000 円の**挽肉**を買った。
> My mom bought (　**25**　) **hamburger** for ¥3,000 per kilogram.

24. a

　　ハンバーガーは形が決まっていて 1 個、2 個と数えられるので [C] 名詞。「フライドポテト」はアメリカでは通常複数形で fries と呼ぶ。fish and chips「フィッシュアンドチップス」が有名なイギリスでは chips と呼ぶ。

25. 無冠詞

　　[U] 名詞の hamburger は「挽肉」の意味。決まった形（境目）がないので数えられない。イギリス英語では mince と呼ぶ。

Ⓠ 括弧内には **a** が入りますか、それとも無冠詞ですか。

> 床は白と黒の**大理石**でできている。

The floor is made of (　26　) black-and-white **marble**.

その少年は白黒模様の**ビー玉**をひとつポケットに入れた。
The boy put (　27　) black-and-white **marble** in his pocket.

26. 無冠詞
素材の「大理石」を表す時 marble は [U] 名詞。無冠詞で使う。

27. a
ビー玉は形（境目）があり1個、2個と数えられるので [C] 名詞。例文では1個なので a が付く。

Q. **括弧内には a/an が入りますか、それとも無冠詞ですか。**

ひじきは**鉄分**を豊富に含んでいる。
Hijiki seaweed is rich in (　28　) **iron**.

隣人が**アイロン**をつけっぱなしにして、**火事**が起こった。
My neighbor left (　29　) **iron** on, starting (　30　) **fire**.

28. 無冠詞
物質としての形（境目）がない「鉄分」は [U] 名詞。
素材の「鉄」も同様に数えられない。
　　These nails are made of iron. この釘は鉄製です。

29. an
iron は [C] 名詞の時は1台2台と数えられる「アイロン」を示す。

30. a
fire は現象の「火」に言及する時は境目がないので数えられず、無冠詞 fire とする。しかし「火事」という始まりと終わりのある出来事を指す場合は、[C] 名詞なので a fire が正しい。

Q. 括弧内には **a** が入りますか、それとも無冠詞ですか。

メアリーは**ガラス**の心臓だ。

Mary has a heart of (　**31**　) **glass**.

ジンジャーエールを**1**杯ください。

I'd like (　**32**　) **glass** of ginger ale.

---

31. 無冠詞

　「ガラス」素材の意味の時は glass は [U] 名詞なので無冠詞で使う。

32. a

　形（境目）のある具体的な「グラス」の時は [C] 名詞。単数形なので a が付く。

Q. 括弧内には **a** が入りますか、それとも無冠詞ですか。

新聞取ってますか？

Do you subscribe to (　**33**　) **newspaper**?

新聞紙をリサイクルする方法を**3**つ教えます。

I'll tell you three ways to recycle (　**34**　) **newspaper**.

---

33. a

　発行元によりいろいろな種類のある newspaper「新聞」は [C] 名詞。動詞 subscribe は「＜新聞や雑誌などを＞定期購読する、取る」の意味。

34. 無冠詞

　素材としての「新聞紙」に言及する時 newspaper は [U] 名詞なので無冠詞で使う。

[C] → [U], [U] → [C] への変化

　冠詞選びのはじめの一歩は、英語の各名詞が可算・不可算カテゴリーのどちらに属すかを判断することでした。ここまでの練習で、名詞を2大カテゴリーに「分ける」大切さをわかっていただけたでしょうか。

　ここまで取り上げてきた名詞に関しては、丹念に辞書を引けば、[U] と [C] を見分けて意味を正確に知ることができます。ところが実際に英語を書く時、辞書が常に手元にあるわけではありません。また辞書には [C] としか表示されていない名詞が [U] として使われていることもあれば、その逆のケースもたくさん見かけます。そんな時は自力で「境目の有無」を判断し、可算・不可算を見極めます。

　このセクションでは、日本人には数えられると思えるものが [U] 名詞として使われるケースや、どう見ても数えられないと思えるものが [C] 名詞として扱われるケースを集めました。[C] から [U]、[U] から [C] への境目の認識がどのように変化するかを感じてください。

　はじめは、[C] だと思える名詞が [U] で使われる例で、[C] → [U] への認識の変化を見ていきましょう。先入観だけで判断すると、カテゴリーを誤ることになります。

■| [C]に思える名詞が[U]になる

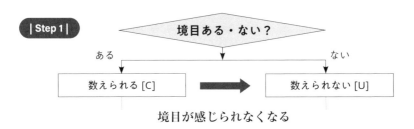

『フローチャートでわかる英語の冠詞』p.29–36 参照

Step **1-3**　練習問題

Q. 括弧内には **a** が入りますか、それとも無冠詞ですか。

> **タクシー**に乗ろう。
>
> Let's take (　**1**　) **taxi**.
>
> **タクシー**で家に帰りたいです。
>
> I want to go home by (　**2**　) **taxi**.

1. a

　「ある 1 台」の具体的なタクシーなので [C] 名詞として a が必要。

2. 無冠詞

　実際の車両ではなく、交通手段として taxi に言及する時は [U] と認識されて無冠詞になる。

　by bus, by train, by bicycle など同様。

Q. 括弧内には **a** が入りますか、それとも無冠詞ですか。

> **A:**　**クレジットカード**払いにしますか？
>
> 　　Would you like to pay by (　**3**　) **credit card**?
>
> **B:**　いえ、**現金**で払います。**クレジットカード**は持っていません
>
> 　　No, I'll pay (　**4**　) **cash**. I don't have (　**5**　) **credit card**.

3. 無冠詞

　具体的なカードではなく「カードによるクレジット払い」という「手段」が意識されているため card が [U] 名詞化し、pay by credit card になる。

37

レジで "Cash or charge?" と聞かれたら、「現金それともカード払い？」の意味。

4. 無冠詞

cash「現金、お金」は [U] 名詞なので無冠詞。「現金で払う」は pay in cash とも言える。

5. a

1 枚 2 枚と数える具体的な「クレジットカード」が念頭にあるため card は [C] 名詞として使う。単数形なので a credit card とする。

║ ワンポイントアドバイス ║

by taxi や by credit card のように前置詞 by で「手段」を表す時、続く名詞は通常ならば [C] 名詞であっても無冠詞で使われる。

ラオスでは昔、**牛車や象**で物資を運んでいた。
In Laos, people used to carry goods **by ox cart or elephant**.

Q. 括弧内には **a** が入りますか、それとも無冠詞ですか。

A: 公園で**野球**する？

Do you want to play (**6**) **ball** in the park?

B: うん、**ボール**取ってくるね。

Yes! I'll go get (**7**) **ball**.

---

6. 無冠詞

[U] 名詞で無冠詞の ball は無形の概念を表し、play ball で「野球をする」の意味になる。このように play と普段は [C] として使う名詞を無冠詞で [U] として使い、「〜ごっこ遊びする」の意味になる例はほかにもある。

play shop「お店屋さんごっこする」、play train「電車遊びする」、play teacher「先生(学校)ごっこする」、play detective「刑事ごっこする」など。

7. a

形の（境目の）ある ball は [C] 名詞なので、単数で特定していない場合は a を伴う。get a ball の場合、野球の球ならどれでもよい。状況によっては the もあり得る。I'll go get the ball. という時は相手が「どのボールか」わかり、二人の間で知識を共有していることを示す。

Step 1-3　[C]→[U]、[U]→[C] への変化

Q. 括弧内には **a/an** が入りますか、それとも無冠詞ですか。

今朝**オレンジ**を食べたから、指が**オレンジ**の匂いがする。
I ate (**8**) **orange** this morning, so my fingers smell of (**9**) **orange**.

---

8. an

丸い形をしたオレンジは 1 個 2 個と数えられる。単数形の [C] 名詞には an が必要。例文を見てわかるように、日本語では「オレンジ」だけだと何個かわからない。「オレンジを食べた」を英語にする時は、最初に単数 an orange なのか複数 oranges なのかを判断する必要がある。

9. 無冠詞

「匂い」には姿かたちがないので [U] 名詞で無冠詞のまま使う。オレンジ 1 個（[C] 名詞）を剥いて中身を出したり皮付きのまま切り分けたりすると、元の形を失うので [U] 名詞に変化する。[U] 名詞になると、a piece of orange（オレンジ一切れ）や wedges of orange（くし形に切ったオレンジ）のように数える単位を付ける必要がある。

Q. 括弧内には a が入りますか、それとも無冠詞ですか。

A: 映画見に行こうよ。

Let's go see a movie.

B: ごめん、行けない。今日の午後は数学の**授業**がある。

Sorry, I can't. I have (**10**) math **class** this afternoon.

今日、**授業**で何を習ったの？

What did you learn today in (**11**) **class**?

---

10. a

決まった時間で行われ科目別に数えられる時、class「授業」は [C] 名詞になり、a math class がふさわしい。

ほかの例：take a class「授業をとる」、miss a class「授業を欠席する」

11. 無冠詞

この場合 class は「学ぶ場」という授業の機能・役割を示す抽象概念なので [U] 名詞。単数無冠詞で使う。go to school「学校に勉強しに行く」の school を無冠詞で使うのと同じ。具体的な「学校（の建物）を訪れる」と言う時は go to a school になる。

Q. 括弧内には a が入りますか、それとも無冠詞ですか。

この映画は**事実**に基づく**創作**である。

This movie is (**12**) **fiction** based on (**13**) **fact**.

事実は**小説**より奇なり。

(**14**) **fact** is often stranger than (**15**) **fiction**.

---

12. 無冠詞

「創作」の意味の fiction は [U] 名詞として使う。fiction は「作り事、虚構」の意味の時は [C] 名詞として使うこともあるが非常にまれ。

13. 無冠詞

ここでは「事実」が漠然とした多くの出来事を指すため、[U] 名詞として無冠詞になる。しかし、「実話に基づく」という場合は、based on a true story とする。story は始まりと終わりがあるので、[C] 名詞として使われる。fact（事実）も出来事として数えられる時は [C] 名詞。

14. 無冠詞 Fact

15. 無冠詞

ことわざ。fact と fiction は [C] と [U] の両方の使い方ができる単語だが、ここでは「本当のこと」と「作り話」を漠然と示すため境目を感じさせない [U] 名詞として無冠詞で使う。

Q. 括弧内には **a/an** が入りますか、それとも無冠詞ですか。

紙を**楕円の形**に切って、長手方向に半分に折ります。

Cut a piece of paper into (　**16**　) **oval shape**, then fold the paper in half lengthwise.

心理的な問題は、たいてい、**とらえどころ**のない（はっきりした**形が**ない）ものである。

Psychological problems are, for the most part, without (　**17**　) **shape** or (　**18**　) **form**.

---

16. an

ここでの shape は明確な境目のある楕円形なので [C] 名詞。単数なので an oval shape とする。lengthwise「長手方向、縦の方向」に対して、「横の方向に」を表すなら widthwise。

17. 無冠詞

「形状」を意味する時 shape は [C] と [U] の両方の使い方がある。具体的で明確な形なら [C]、漠然としているなら [U] として使い分ける。ここでは「とらえどころのない形」なので [U] 名詞として無冠詞で使う。

18. 無冠詞

上記と同じ理由で [U] 名詞。shape と form は同義語のように使われるが、厳密に定義すると shape は 2 次元的な形、form は 3 次元的な形を示す。

Q. 括弧内には a/an が入りますか、それとも無冠詞ですか。

姉がデザートに**アップル・パイ**を焼いた。

My sister baked (　**19**　) **apple pie** for dessert.

その田舎町の食堂には赤い座席と古風なジュークボックスがあり、**アメリカそのもの**だった。

The small-town diner with its red booths and classic juke box was **as American as** (　**20**　) **apple pie**.

その漫才コンビは M-1 グランプリでチャンピオンになるのは**極めて易しい**と考えている。

The manzai duo thinks winning the championship in the M-1 Grand Prix is **as easy as** (　**21**　) **pie**.

でも彼らの夢は、私に言わせれば**絵にかいたもち**だ。

But their dream is (　**22**　) **pie in the sky**, if you ask me.

---

19. an

丸い形の食べる pie は具体的で数えられるので [C] 名詞。a を付ける。

20. 無冠詞

as American as apple pie は慣用表現で「アップル・パイのように極め

てアメリカ的」を表す。デザートとして人気の apple pie は、ここで抽象化され「アップル・パイみたいなもの」を表す。[U] 名詞化しているため、無冠詞になっている。

21. 無冠詞

as easy as pie も慣用表現で「とても易しい」という意味。ここでも実際の「パイ」を指してはいないため無冠詞で使う。簡単であることを表す似た表現に It's a piece of cake がある。

22. 無冠詞

pie in the sky は「絵空事、非現実的なこと」を意味する慣用表現。pie はお菓子の「パイ」ではなく magpie「かささぎ（鳥）」を意味するという説もある。

Q. 括弧内には a が入りますか、それとも無冠詞ですか。

この図は**足の指**にバンドエイドを貼る方法を示している。

This figure shows how to apply a Band-Aid to (　**23**　) **toe**.

A: デートの相手が**頭のてっぺんからつま先まで**ユニクロだったら嫌？

Do you mind if your date is dressed from (　**24**　) **head to** (　**25**　) **toe** in Uniqlo?

B: いいや。それ、何が問題なの？

No, I can't see how this would be a problem.

---

23. a

toe「足の指」は 1 本 2 本と数えられるので a を付ける。

Band-Aid は Johnson & Johnson 社製ばんそうこうの商品名。商標なので大文字になっているが、普通名詞化していて、たとえ他社製のばんそうこう（an adhesive bandage）であっても a Band-Aid と言うことが多

い。また「一時しのぎの」という意味の形容詞としても使われる。

　例：a Band-Aid solution「一時しのぎの解決策」

24. と 25. 無冠詞

from head to toe は「頭のてっぺんからつま先まで」つまり「全身」を表す慣用表現。head も toe も [C] 名詞であるから通常は無冠詞で使えないが、この場合は頭と足の指を具体的に指しているわけではなく、比喩として抽象化しているため head も toe も [U] 名詞として無冠詞で使う。

Q. 括弧内には a が入りますか、それとも無冠詞ですか。

耳にピアスの穴を開けると、治るのにどれくらいかかりますか？
How long does it take for (　**26**　) **pierced ear** to heal?

真珠のイヤリングを誕生祝いに受け取り、彼女は**満面の笑み**を浮かべた。
She smiled from (　**27**　) ear to (　**28**　) ear when she got pearl earrings as a birthday gift.

---

26. a

ear「耳」は [C] 名詞。単数形なので a が必要。

27. と 28. 無冠詞

smile from ear to ear は慣用表現で、「満面の笑みを浮かべる」の意味。両耳に届きそうなほど口を大きく開けて笑うさまを表現している。ear は抽象化されて「耳の方、耳に近いどこか」を表しているため [U] 名詞として無冠詞で使う。

head to toe と同様に from... to... の形で [C] 名詞が [U] 名詞に変化することが多い。ほかの例：from corner to corner

---

Q. 括弧内には a が入りますか、それとも無冠詞ですか。

紫陽花の葉っぱの上に**カエル**が座っているのを見た。

I saw (**29**) **frog** sitting on a hydrangea leaf.

フランスでは**カエルの肉**をよく食べる。ベルギーでもカエルの足（腿）がメニューに載っている。

Eating (**30**) **frog** is common in France. In Belgium, you can also find frog legs on the menu.

29. a

姿形のある frog は [C] 名詞なので単数の場合 a が必要。

30. 無冠詞

食べるための肉として加工されたカエルの肉は境目が定まらないため、[U] 名詞。メニューに frog leg が記載されることがあるが、leg は数えられるので [C] 名詞であり、frog legs となる。

Q. 括弧内には **a** が入りますか、それとも無冠詞ですか。

英語のフレーズ「狼が来た」は、実際には起こっていない事柄に対して偽の警報を発することを意味する。

The English phrase "**cry** (**31**) **wolf**" means to give a false alarm of something that is not happening.

羊飼いの少年にまつわるイソップ物語に由来する。

It is based upon an Aesop fable about a shepherd boy.

羊の群れの世話をしている時、少年はふざけて「狼が来た！」と叫んだ。

When attending a flock of sheep, the boy cried out "**there's** (**32**) **wolf**!" as a joke.

31. 無冠詞

cry wolf は「誤報を伝える」ことで、日本語でも「狼少年になる」で通じる。この場合 wolf は実際の「狼」というよりは「警報」を指し抽象度が高いため [U] 名詞として無冠詞で使われる。

32. a

生きた狼 wolf を表しているので [C] 名詞。単数形なので a を伴う。

▌[U]に思える名詞が[C]になる

次は抽象的なものや物質を表す [U] 名詞が数えられるカテゴリーに入るケース、つまり [U] → [C] の認識の変化を見ていきましょう。普通は「数えられない」と感じる名詞が「数えられる」と認識される場合、英語話者はそこにどんな境目を感じているのでしょうか。

どんな境目が感じられるのか

境目が感じられる例として、物質や素材の種類に言及する場合があります。たとえば sugar「砂糖」は決まった形のない物質なので数えられません。しかし化学的に分析すればショ糖、乳糖、麦芽糖などいろいろあり、そんな種類を表す時は複数形 sugars にもなりえます。もうひとつ [U] → [C] への変化で注目すべきは、形容詞による修飾で区別が生まれる時です。たとえば red「赤」は色なので普段は [U] 名詞として使いますが、形容詞 bright「鮮やかな」が付くと異なる色味の赤との区別が感じられます。そんな時は、個別化する不定冠詞 a が付き a bright red となります。

続く練習問題では、[U] から [C] への変化を見ていきます。「種類」や「形容詞による差別化」を念頭に取り組んでください。

『フローチャートでわかる英語の冠詞』p.36–46 参照

▐▎ 種類を表す時

Q. 括弧内に **fish** を適当な形にして入れてください。

今夜の晩御飯は**魚**だ。

We'll have (　**33**　) for dinner tonight.

理仁は池で**魚**を 3 匹釣った。

Rihito caught three (　**34**　) in the pond.

豊洲市場では太平洋で取れたさまざまな**魚**を売っています。

(　**35**　) caught in the Pacific Ocean are sold in the Toyosu Fish Market.

---

33. fish

　fish は切り身などの「魚肉」を表す時は、決まった境目がない素材なので [U] 名詞として使われる。「生魚」raw fish,「刺身」slices of raw fish も同様に数えられない。

34. fish

　姿形のある「魚」の場合は、1 匹、2 匹を数えられるので [C] 名詞。ただし単数でも複数でも fish を使う。ここでは 3 匹なので複数で three fish となる。

35. Fishes

　複数形の fishes は、鮭、イワシ、サンマなど魚の「種類」を表す時に使う。豊洲市場では多種類の魚を販売しているので fishes が適切。

Q. 括弧内に **tea** を適当な形にして入れてください。

何をお飲みになりますか？**紅茶**それとも**緑茶**？

What would you like to have — **black** (36   ) or **green** (37   )?

当店では、インドやスリランカからの**紅茶**と日本の緑茶など、世界各地の信頼できる農園から仕入れた**いろいろな種類のお茶**を取り揃えています。

We have **a variety of** (38   ) from trusted farms in many regions of the world, including **black** (39   ) from India and Sri Lanka, as well as green teas from Japan.

---

36. tea

black tea は「紅茶」のこと。日本語では「紅」だが英語では black。ただし単に tea と言えば「紅茶」を指す。液体で無形の tea は [U] 名詞で無冠詞。

37. tea

green tea は「緑茶」で black tea と同様に [U] 名詞。無冠詞で使う。

38. teas

形のない [U] 名詞であっても、異なる種類が意識されると数えられる [C] 名詞に変化する。例文では、「いろいろな種類のお茶」と言っているので複数形の teas にする。

39. teas

原産地がインドとスリランカで異なる場合、紅茶の種類も異なると考えるなら [C] 名詞として複数形 teas にする。green teas from Japan に関しても、煎茶、番茶、ほうじ茶などいろいろな種類があるため、teas となっている。

Q. 括弧内に **salt** を適当な形にして入れてください。

塩分は人間の生命に欠かせません。
(40   ) is essential to human life.

化学分野では、塩（えん）は酸とアルカリによって形成される化合物です。
In chemistry, (**41**) is a chemical compound formed by an acid and an alkali.

塩はアルカリ塩、酸性塩、天然塩などのカテゴリーに分類できます。
(**42**) can be grouped into several categories, such as alkali salts, acid salts, and natural salts.

40. Salt

ここでは物質・食材として salt「塩」を総称している（砂糖や油ではなく塩という感じ）。日常生活で salt は数えられないので無冠詞が適切。

41. a salt

化学的な解説で「塩（えん）」は a chemical compound（単数形）だと定義している。主語も [C] 名詞の単数形で a salt（「あるひとつの種類の塩」）とするのがふさわしい。

42. Salts

上記で述べたように化学的視点では塩にはいろいろな種類があり、ここでは塩を分類しているので複数形 salts にする。

Q. 括弧内に **gas** を適当な形にして入れてください。

物質には個体、液体、**気体**という 3 つの状態がある。
Matter has three states—solid, liquid, and (**43**).

気候変動は人間が作った**温室効果ガス**により引き起こされている。
Climate change is caused by **greenhouse** (**44**) produced by humans.

43. gas

「気体、ガス、ガス状のもの」には形がないので gas は [U] 名詞として使われる。

44. gases

通常は [U] 名詞である gas も「種類」をいう時は、ほかとの区別（境目）が生まれるので [C] 名詞となる。温室効果ガスには二酸化炭素、メタン、フロン類など多くの種類があるので、複数形 gases が正しい。

▌▌ 出来事として捉えられる時

Q. 括弧内に wildfire を適当な形にして入れてください。

彼女が上司と不倫しているというデマは、**野火**のように瞬く間に広まった。

A false rumor of her affair with the boss spread like (　**45**　).

気候変動によって暑くて乾燥した天気が続き、世界中で**森林火災**が多発している。

Hot and dry weather brought about by climate change is causing
(　**46**　) around the world.

最も深刻な**森林火災**のひとつが 2019 年から 2020 年にかけてオーストラリアで発生し、コアラの生息地を破壊して種としての生存を脅かした。

One of the most serious (　**47**　) raged in Australia in 2019-2020,
destroying the habitat of koalas and risking their survival as a species.

---

45. wildfire

単語 fire と同様、「野火」を意味する wildfire は現象を表す時には [U] 名

詞なので無冠詞。spread (run) like wildfire は「燎原の火のように広がる」を表す慣用表現。

46. wildfires

「野火、山火事」が始まりと終わりがある出来事として認識される時は [C] 名詞として使う。「世界中で起こる」ことなので複数形 wildfires とする。

47. wildfires

ここでも山火事を数えられる出来事として捉えている。one of the 「〜のうちのひとつ」と言っているので複数形 wildfires が正しい。

▌ 形容詞により生まれる境目

Q. 括弧内に rain を適当な形にして入れてください。

昨日は雨だった。

We had (　**48**　) yesterday.

最近、日本中で大雨が降っている。

Recently, there have been heavy (　**49**　) throughout Japan.

昨日、台風が土砂降り (drenching) の雨をもたらした。

A typhoon brought (　**50**　) yesterday.

---

48. rain

通常「雨」を意味する rain は [U] 名詞なので無冠詞。

49. rains

降雨を 1 回、2 回の出来事として数える時や、異なる場所での降雨を示す時は [C] 名詞で複数形 rains になる。ここでは throughout Japan とあるので、広範囲の地域で別々の降雨があったと認識され rains となる。1 回の事象なら単数形の a heavy rain となる。

50. a drenching rain

形容詞 drenching で修飾されると、「土砂降りの雨」はほかの様相の雨、たとえば a light rain「小雨」とは違うので区別が感じられる。このような時は [C] 名詞として a が付くことが多い。

Q. 括弧内には a が入りますか、それとも無冠詞ですか。

「**明日は明日の風が吹く**」、これは映画『風と共に去りぬ』でスカーレット・オハラが最後に口にする台詞です。
"After all, (**51**) **tomorrow** is another day." This is the final line spoken by Scarlett O'Hara in the movie *Gone With The Wind*.

私たちの目的は**より良い明日（未来）**を作ることです。
Our purpose is to build (**52**) **better tomorrow**.

51. 無冠詞

「明日」の意味の tomorrow は [U] 名詞なので無冠詞。today, yesterday も同様に通常は無冠詞で使う。

52. a

tomorrow は「近い将来、未来」の比喩として使える。形容詞 better で修飾されると、たとえば a dark tomorrow「暗い明日（未来）」との違いが生じるため、差別化する a が付く。

Q. 括弧内には a/an が入りますか、それとも無冠詞ですか。

A: びっくりするような色のマニュキアを探してます。
　　I'm looking for nail polish that comes in eye-popping colors.
B: どの色がお好きですか？

What color do you like?

A: **ピンク**が大好き。

I love (**53**) **pink**.

B: このマニュキアは寒いとエレガントな薄い**ピンク**から鮮やかな
ショッキング**ピンク**に変わりますよ。

When it's cold, this nail polish changes from (**54**) elegant
light pink to (**55**) bright hot **pink**.

53. 無冠詞

色を総称する名詞は通常は数えられないため、「ピンクという色」を表す時は pink は [U] 名詞として無冠詞にする。

54. an

形容詞 elegant と light で修飾することにより、特徴的な色味の pink を表す。このような時、他の色味のピンクとの差異が感じられて a が付く。

55. a

上記のとおり bright と hot が色味の違いを感じさせるため区別を示す a が付く。

▌ ワンポイントアドバイス ▐

pink を例にとった [U] から [C] への変化で見たように、形容詞で修飾されると「他と区別される→境目が感じられる」ので a が付くケースが多い。

ただし salmon pink サーモンピンク、cherry pink チェリーピンクなどピンク色の分類として定着し総称として使える名称の場合は単独の pink と同様に [U] 名詞扱いで無冠詞のまま使う。この辺りの感覚が日本人にはむずかしい。

Q. 括弧内には a/an が入りますか、それとも無冠詞ですか。

共感と**理解**が人を優れたリーダーにする資質である。

Empathy and (**56**) **understanding** are what makes a person a great leader.

Sue が外出中は Ken が責任を引き受けるという**暗黙の了解**がある。

There is (**57**) **unspoken understanding** that Ken will take charge when Sue is not in the office.

56. 無冠詞

ここで understanding は抽象的な「理解」の意味で使われているため [U] 名詞。無冠詞で使う。

57. an

understanding は単数形の [C] 名詞としても使える（複数形にはできない）。特に形容詞で修飾され of が続くと a を伴い an unspoken understanding となる。understanding とコロケーションのよい形容詞としては deep（深い）、clear（明確な）、basic（基本的な）、limited（限られた）などがある。

Q. 括弧内には a が入りますか、それとも無冠詞ですか。

我々のミッションは、女性や少女に地位向上のための**教育**と支援を与えることです。

Our mission is to provide women and girls with (**58**) **education** and support for empowerment.

大学教育は貧困から脱出し**明るい未来**への切符である、と人はよくいう。

People often say (59) **college education** is a ticket out of poverty and into (60) **bright future**.

58. 無冠詞

education は総称的に「教育」を指す時は [U] 名詞なので無冠詞。

59. a

education が形容詞 college で修飾されると、ほかとの区別（境目）が生まれ [C] 名詞として a が付くことがある（複数形にはならない）。a good education（良い教育）、a formal education（正規教育）などの使い方もある。ただし形容詞で修飾されると必ず a が付くわけではなく、無冠詞でも使われる。人により用法には揺れがある。

60. a

「未来」は通常 the を伴い the future とする（the present ［現在］や the past ［過去］との対比を表す the の用法）。しかしこの例文のように形容詞 bright で修飾されると、ある様相の未来となり、たとえば a grim future（暗い未来）、an uncertain future（不確実な未来）とは違いが感じられるので a になる。

この例文で a ticket を the ticket に変えるとニュアンスが変化する。a ticket の場合、a は「いくつかあるうちのひとつ」を表すのでほかの手段もあることを暗喩する。the ticket にすると、the は「唯一 only」を表すので「唯一の手段」の意味になり、文意は強くなる。

Q. 括弧内には a が入りますか、それとも無冠詞ですか。

穀物需要が世界中で増加している。
(61) **demand for grain** is increasing worldwide.

英国では、英語が話せる寿司職人に対する**強い需要**がある。
In the UK, there is (62) **strong demand** for sushi chefs who speak

English.

労働組合は賃上げの**強い要求**を行った。

The union made (　**63**　) **strong demand** for a raise.

61. 無冠詞 Demand（または The demand）

「需要」の意味の時は、demand は [U] 名詞なので総称する時は無冠詞で使える。ここで the を付ける人もいて用法には揺れがある。

62. a

「需要」の意味の時は、demand は [U] 名詞だが、strong などの形容詞で修飾されると a が付くことがある。ただし「需要」の意味では demands の形にはならない。

63. a

「要求、請求」の意味の時は、demand は [C] 名詞。例文では単数なので a が必要。複数ならば demands となる。

‖ ワンポイントアドバイス ‖

　練習で取り上げた understanding や demand を *Oxford Advanced Learner's Dictionary* や *Longman Dictionary of Contemporary English Online* などの英語学習者用の英英辞書で調べると [countable, singular] と表示されている。これは数えられる名詞として使えるが、単数形のみで複数形にはならないことを示している。a が付くのは形容詞で修飾されている時が多い。

　ほかの例：**a** basic knowledge of finance　金融の基本的な知識

Q. 括弧内には **a/an** が入りますか、それとも無冠詞ですか。

日本は**少子高齢化社会**に直面している。

Japan is facing (　**64**　) **aging society with fewer children**.

高齢化に伴い、現役社会人に社会保障の重荷がのしかかる。

As the population gets older, it will put (　**65**　) great burden of social security cost on working adults.

2022 年に、出生率は 1.26 にまで低下し、新生児の数は初めて 80 万人を下回った。

In 2022, the country's birthrate dropped to 1.26, and the number of newborn babies fell below 800,000 for the first time.

64. an

society は「社会」全体に漠然と言及する時は範囲がはっきりしないので [U] 名詞として使う。しかし aging（高齢化）などの形容詞で修飾されると、ほかの様相の社会との区別がはっきり認識されるので a が付き an aging society となる。

65. a

「負担、重荷」を意味する burden は [C] 名詞。単数形なので a を伴う。

Q. 括弧内に **translation** と **business** を適当な形にして入れてください。

翻訳は現代の国際的**ビジネス**に欠かせない。

(　**66**　) is indispensable for modern international (　**67**　).

多くの**企業**が事業のために**翻訳物**を使ったり作成したりしている。

Many (　**68**　) use or produce (　**69**　) for their own operations.

これは機械翻訳ツール DeepL が**翻訳**したものです。

This is (**70**) by DeepL, which is a machine translation tool.

66. Translation

「翻訳」という行為・作業を示す時は抽象概念なので [U] 名詞で無冠詞 translation で OK。

67. business

「商売、取引、ビジネス」一般を示す business は [U] 名詞として使う。

68. businesses

形容詞 many が付いているので次に続くのは [C] 名詞であることがわかる ([U] 名詞なら much)。[C] 名詞の business は 1 社、2 社と数えられる「会社、企業」を表す。

69. translations

「翻訳したもの、翻訳物」になると個々の区別ができ境目が生じるため translation は [C] 名詞となる。

70. a translation

この例文では is に合わせて「翻訳したもの」を単数形にする必要がある。ひとつの成果物と考えられるので a translation となる。

| Step 2 |

単数？ 複数？

練習問題　52 問

| a の慣用的な用法 |

練習問題　19 問

単数？ 複数？

Step 1 では、名詞が示すものが数えられる・数えられないの 2 大カテゴリーのどちらに属するかを見極めました。次の Step 2 は数えられる [C] 名詞だけに必要です（数えられないものには単数も複数もありません）。

数えられる [C]

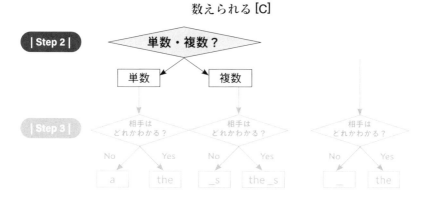

この章の前半では数えられる [C] 名詞の単数・複数を見極める練習をします。[C] 名詞の冠詞を選ぶ場合、「a か the か、それとも無冠詞？」と悩む前に、必ず単数か複数かを判断する必要があります。簡単そうに聞こえますが、日本語では数を明示せずに言及できるので意外とむずかしいです。たとえば「りんご」と言っても、それだけでは 1 個なのか 2 個以上なのかわからないので、英語を書く時 apple を冠詞や s を付けずに裸のまま使ってしまうことがあります。単数無冠詞の apple をセンテンスで使うと、形に境目のないりんご（スライスしたり摺りおろしたりした状態）を意味します。

章の後半では、普段は数えられないと思われる抽象名詞が「数えられる」[C] 名詞として使われるケースを取り上げ、[U] から [C] への認識の変化を感じながら単・複を判断する練習をします。

『フローチャートでわかる英語の冠詞』p.56–76 参照

Step 2　練習問題

■ 常に複数で使う [C] 名詞

Q. 括弧内に適当な単語を入れてください。

サングラスを持ってくるのを忘れた。

I forgot to bring my (　**1**　).

水を**グラス**に一杯ください。

Bring me (　**2**　) of water, please.

---

1. sunglasses

　サングラスにはレンズがふたつ対になっているので常に複数形で使い、a pair of sunglasses, two pairs of sunglasses と数える。普通の眼鏡（glasses）も同様。

2. a glass

　「グラス（ガラスの器）」は [C] 名詞なので単数形は a glass、複数形は glasses とする。

　単数無冠詞の形で glass を使うと [U] 名詞のカテゴリーに入るので、意味が変わり、素材の「ガラス」になる。この場合は無冠詞で使う。

　　例：This tabletop is made of glass. このテーブル上面はガラス製だ。

Q. 括弧内で適当な単語を選んでください。

キャンプに**双眼鏡**を持ってきて。バードウォッチングに行くよ。

Bring (　**3　a binocular・binoculars**　) to the camp. We'll go bird

---

watching.

キャンプに**望遠鏡**を持ってきて。星を見に行くよ。

Bring (**4 a telescope** · **telescopes**   ) to the camp. We'll go star
watching.

3. binoculars

双眼鏡 binoculars はレンズがふたつあり、両目で見るので、通常複数
形で使う。数えるためには a pair of binoculars, two pairs of binoculars
とする。

4. a telescope または telescopes

望遠鏡 telescope はレンズがひとつなので単数なら a が必要。

日本語では何個持っていけばよいのかわからないので、状況によっては
複数形の telescopes もあり得る。

Q. 括弧内で適当な単語を選んでください。

オンライン販売業者はブランド価値を高める**コンテンツ**を作りたいと
願っている。

Online marketers wish to create (**5 content** · **contents**   ) to
increase their brand value.

エミはベッドにスーツケースの**中身**をぶちまけた。

Emi dumped the (**6 content** · **contents**   ) of her suitcase on the
bed.

5. content

「コンテンツ」というカタカナ語の影響で s を付けて contents としがち
である。しかしウェブサイトの中身（テキスト、画像、ビデオなど）や

本・講演などの内容を示す content は [U] 名詞。無冠詞 content が正しい。

6. contents

容器や引き出しなどの具体的な中身を指す時は複数形 contents が適切。本の目次も a table of contents とする。

Q. 括弧内に lung と stomach を適当な形にして入れてください。

> マリファナを吸うと**肺**に悪いことが知られている。もちろん日本では違法である。
> Smoking marijuana is known to harm the (**7**). And, of course, it's illegal in Japan.
>
> ニンニクは多くの栄養素を含んでいるので**胃**に良い。
> Garlic is good for the (**8**) because it contains many nutrients.

7. lungs

肺はふたつあるので複数形の the lungs とする。ほかにも「腎臓」など the kidneys として複数形にする。身体の部位である臓器を総称する時は the を付ける（くわしくは 164 ページ「身体部位・発明品・種を総称する the」参照）。

8. stomach

胃はひとつなので単数形の the stomach。the heart（心臓）、the liver（肝臓）、the brain（脳）などの身体部位も同様に the を伴う単数形にする。

Q. 括弧内で適当な単語を選んでください。

> お医者さんに、ポテト**チップ**や**ラーメン**などの脂肪分の多い**加工食品**を避けるように言われた。

My doctor told me to avoid fatty (**9 food · foods**   ), such as potato
(**10 chip · chips**   ) and ramen (**11 noodle · noodles**   ).

9. foods

foods は「食品、加工食品」の意味で個々の種類が認識されると複数形
になる。ここではポテトチップやラーメンなど具体的な食品名を挙げて
いるので複数形 foods が正しい。無冠詞の food は「食べ物、食料」を
総称する [U] 名詞。

10. chips

1 枚 2 枚と数えられる chip は [C] 名詞。日本語では「ポテトチップ」と
呼び s は付けないが、通常ポテトチップはパッケージにたくさん入って
いる。ここでは総称しているので無冠詞複数形にする。

11. noodles

noodle は [C] 名詞で通常複数形で使う。ラーメンには麺が多く入ってい
るので noodles とする。a noodle は「1 本の麺」を指す。

Q. 括弧内で適当な単語を選んでください。

私はスポーツならなんでも、特に武道が好きです。
I like (**12 a sport · sports**   ) of all kinds, especially (**13 a martial
art · martial arts**   ).

一番好きなのは剣道。
My favorite is kendo.

剣道は日本の**伝統的なスポーツ**で、侍の剣術から発展した**武道**です。
Kendo is (**14 a traditional sport · traditional sports**   ) of Japan
and (**15 a martial art · martial arts**   ) developed from samurai
swordsmanship.

12. sports

「スポーツ」は [C] 名詞 sport の複数形。ここではスポーツ全般を総称しているので複数形にする。

13. martial arts

「技術、技芸」を表すartは [C] と [U] の両方の使い方がある。「武道」の場合、総称する時は通常複数形で使い martial arts とする。

14. a traditional sport

日本語ではひとつの競技でも「スポーツ」と呼ぶので s を付けて sports としたくなるが、個々の種目を指す時は単数で a sport になる。

15. a martial art

martial arts は剣道のほか柔道や空手などさまざまな種類の武道を指す。単一の競技の時は単数形 a martial art となる。

Q. 括弧内で適当な単語を選んでください。

わが校のサッカーチームは、**準々決勝**でライバルに 1 対 0 の僅差で競り勝った。

Our school's soccer team scraped through (　**16　quarterfinal・quarterfinals**　), with a 1-0 win over our rivals.

準決勝に向けて戦略を練っているところだ。

They are planning a strategy for the (　**17　semifinal・semifinals**　).

---

16. quarterfinals

「準々決勝」は複数形で quarterfinals。トーナメントの場合、準々決勝では 8 チームにより 4 つの試合が行われるため複数になる。動詞句 scrape through は「辛勝する、かろうじて乗り切る、やっと（何かに）合格する」という意味。

17. semifinals

「準決勝」も複数形で semifinals。準決勝は 4 チームにより戦われ、2 試合あるため複数になる。決勝戦に関しては 1 試合なので the final や the championship と呼ばれるが、the finals と複数形にすることもある。

▌複数が前提の文脈

Q. 括弧内で適当な単語を選んでください。

> 勝利の後、すべての選手がフィールド上で**ハグ**を交わし**ハイタッチ**した。
>
> After the victory, all the players exchanged (　**18　a hug・hugs**　) and
> (　**19　a high five・high fives**　) on the field.

18. hugs

「抱きしめる」を意味する hug は行為として数えられるので [C] 名詞。この文では選手が複数 players なので、彼らが交わしたハグも複数形 hugs にすべき。もちろん単数形 a hug の使い方もあり、Give me a hug!（ハグして！）と言える。

19. high fives

high five はふたりが手をあげ、手のひらをパチンと合わせ喜びを分かち合うしぐさで、これも行為として数えられるから [C] 名詞。日本語では「ハイタッチ」と言うが和製英語なので注意。この例文では、複数の選手がいるので five fives と複数形にする。単数で Give me a high five!「ハイタッチして！」と言える。略して Give me five! と言うこともある。five は「5 本の指」を示す。

Q. 括弧内に **hand** を適当な形にして入れてください。

> ひとりの男が小さな女の子に**片手**を振っているのを見た。
>
> I saw a man waving (**20**) at a small girl.
>
> 彼はその子に近づいて**握手**をした。
>
> He then walked over to her and shook (**21**) with her.

20. his hand または a hand

「片手」を振っているので a hand または his hand。

21. hands

ふたりが握手する時は手がふたつになるので複数形の hands となる。

Q. 括弧内に **volunteer** を適当な形にして入れてください。

> 台風 9 号による洪水で家を奪われた人々の緊急避難場所の運営に、
> ABC 社の社員 5 人が**ボランティア**として参加した。
>
> Five ABC employees participated as (**22**) in the emergency shelter
> management for people displaced from home by flooding caused by
> Typhoon No. 9.

22. volunteers

社員 5 人がボランティアをしたので employees に合わせてボランティアも複数形の volunteers にしなくてはならない。a volunteer と書くとおかしい。このような主語と関連する名詞の数の一致は注意が必要で、失念しがちなので気をつけたい。

Q. 括弧内に **bus** を適当な形にして入れてください。

新宿で**バス**に乗り、横浜で**バス**を乗り換えて小田原まで行けます。
You can take (　**23**　) from Shinjuku and then change (　**24**　) at
Yokohama to travel onward to Odawara.

23. a bus

take a bus という時は具体的な 1 台のバスをイメージするので、bus は
数えられる [C] 名詞。go by bus と言う時は「交通手段」の意識が強い
ので bus は [U] 名詞となり無冠詞で使う。

24. buses

1 台のバスから次のバスに乗り換えるので buses と複数になる。電車や
飛行機でも乗り換えならば change trains, change planes と複数になる。

Q. 括弧内に **Olympic** を適当な形にして入れてください。

世界中のアスリートが**国際オリンピック大会**に 4 年ごとに集い、平和
と人類の友好の精神を祝います。
Every four years, athletes from around the world come together at the
(　**25**　) **Games** to celebrate the spirit of peace and universal
friendship.

オリンピック期間中、アスリートはスポーツにおける卓越性を示し、
オリンピック・メダルを獲得すべく競い、スポーツの歴史に名を刻み
ます。
During the (　**26**　), athletes exhibit excellence in sports, compete to
win (　**27**　) medals, and etch their names in sporting history.

2024 年夏の**オリンピック**大会はフランスのパリで開催されることに

なっています。

The 2024 Summer (　**28**　) is scheduled to be held in Paris, France.

25. Olympic

国際オリンピック大会は the Olympic Games と呼ばれる。この Olympic は形容詞。

26. Olympics

the Olympics は the Olympic Games の短縮形。オリンピック大会では複数の競技 games が行われるため短縮形には複数の s が必要。日本語では「オリンピック」と言うため、s を忘れる人が多いので要注意。

27. Olympic

ここでは Olympic は名詞でなく medals を修飾する形容詞なので s は不要。

28. Olympics

the Olympics に be 動詞が続く時の活用については、the Olympics are/were と複数扱いする時と the Olympics is/was と単数扱いする時がある。ニュアンスとしては多くの競技が行われると認識される時は複数、大会全体をひとつのイベントとして捉えるならば単数となる。

挨拶の言葉

Q. 括弧内に **regard** を適当な形にして入れてください。

お父様に**よろしく**お伝えください。

Give my best (　**29**　) to your father.

そのメーカーは持続可能性をほとんど**考慮**していなかった。

The manufacturer gave little (　**30**　) to sustainability.

29. regards

「よろしく」という挨拶の時は必ず複数形 regards で使う。

30. regard

「考慮、関心、尊敬、敬意」などの意味で使う regard は [U] 名詞なので、無冠詞で使う。

Q. 括弧内に **apology** を適当な形にして入れてください。

お返事が遅れて**申し訳ありません**。

My (　**31**　) for the late reply.

お詫びしなければなりません。

I owe you (　**32**　).

---

31. apologies

「お詫び」は複数形 apologies にすることで強調できる。

32. an apology

"I owe you an apology." は慣用表現なのでこのまま覚えておくとよい。

> ▌ワンポイントアドバイス▐
>
> 常に複数形で使う挨拶や呼びかけの例。
>
> | thanks | ありがとう |
> | congratulations | おめでとう |
> | condolences | お悔み |
> | season's greetings | 時候のご挨拶 |

■ 数値を伴う単語の単数・複数

Q. 括弧内には a が入りますか、それとも無冠詞ですか。

> EV（電気自動車）用に新開発された全固体電池は 10 分の**充電時間**で約 1200 キロの**航続距離**を可能にする。
>
> The newly developed all-solid-state battery for EVs enables （　**33**　）
> **charging time** of 10 minutes and （　**34**　）**cruising range** of about
> 1,200 kilometers.

33. a

数値を伴う A of B の of フレーズで、A はある 1 点の物理量と認識されるので a を伴う。

【a ＋物理量＋ of ＋数値（単位）】の形を公式のように覚えるとよい。

34. a

「射程距離、航続距離」を示す range は通常 [U] 名詞として使われるが、of ＋数値が続く場合は a を伴う。

Q. 括弧内に pressure を適当な形にして入れてください。

> 圧力計を使って**圧力**を計測した。
> We measured （　**35**　） with a pressure gauge.
>
> シリンダーには**圧力**が 250 キロパスカルのヘリウムが入っています。
> The cylinder contains helium at （　**36**　） of 250 KPa.
>
> 実験は 3 パスカルと 35 パスカルの**圧力**で行われました。
> Experiments were carried out at （　**37**　） of 3 Pa and 35 Pa.

35. pressure

名詞 pressure には可算・不可算の両方の使い方がある。概念としての「圧力」を示す時は [U] 名詞で単数無冠詞 pressure が適切。

36. a pressure

「250 キロパスカル」という具体的な値の圧力なので【a ＋ 物理量＋ of ＋数値（単位）】の形をとり a pressure of 250 KPa となる。

37. pressures

ここでは「3 パスカル」と「35 パスカル」というふたつの値があるため、複数形の pressures とするのが正しい。

‖ワンポイントアドバイス‖

pressure や speed など物理的な概念を表す単語は通常 [U] 名詞として使う。ところが、数値（単位）が続く of 句では「ある 1 点の物理量」として具体化して捉えられるため a が付く。

a ＋物理量＋ of ＋数値（単位）

例：a speed of 60 km/hour

A of B の of フレーズで、名詞 A に対して機械的に the を付けないように気を付けたい。

a が付くのは「ある 1 点」を示す時なので、複数の点があれば物理量も複数形になる。

例：speeds between 80 km/h and 100 km/h

Q. 括弧内に **frequency** を適当な形にして入れてください。

日本の電気系統は、東西で異なる**周波数**で作動します。

Electrical systems operate at different (38   ) in eastern and western Japan.

東日本では50ヘルツの**周波数**、一方、西日本では60ヘルツです。
Electrical systems in Eastern Japan run on (39   ) of 50 Hz. Western systems, on the other hand, operate on (40   ) of 60 Hz.

この違いは、送電網を相互接続して東西間で電気を融通したい時に難題となります。
This difference can pose challenges when power grids need to be interconnected to transfer electricity between the two regions.

最近の日本製電気機器やデバイスは50ヘルツと60ヘルツ両方の**周波数**に対応しています。
Modern Japanese electrical appliances and devices are designed to be compatible with (41   ) of both 50 Hz and 60 Hz.

38. frequencies

frequency は [C] と [U] の両方の使い方がある。「異なる周波数」ということは複数の種類があることを示すので、[C] 名詞の複数形 frequencies にする。

39. a frequency

「50ヘルツの周波数」という時はある一点の物理量を示すために a frequency of 50 Hz となる。【a ＋物理量＋ of ＋数値（単位）】の公式が当てはまる。

40. a frequency

「60ヘルツ」も同様に a frequency of 60 Hz となる。

41. frequencies

「50ヘルツと60ヘルツ」の場合は、周波数の数字がふたつあるので frequencies と複数形にしなければならない。

Q. 括弧内に interval を適当な形にして入れてください。

ふたりの友達は 2 年ぶりに（2 年の**間隔**を置いて）会った。

Two friends met after (　**42**　) interval of two years.

ベルは 10 秒の**間隔**で鳴った。

The bell rang at (　**43**　) of 10 seconds.

---

42. an interval

interval「間隔」には始まりと終わり（境目）があるので数えられる名詞。2 年という間隔はひとつの期間なので単数 a にする。

43. intervals

ベルは 10 秒の間隔で何回も鳴っている。10 秒という間隔が複数あるので intervals になる。

Q. 括弧内に Saturday を適当な形にして入れてください。

A: アドバイスして欲しいことがあるんだけど、**いつかの土曜日に**会えるかな？

I want to ask for your advice on a certain matter. Can we meet on (　**44**　)?

B: いいよ。**毎週土曜日**は休みなんだ。

Fine. I have (　**45**　) off.

---

44. a Saturday

「いつかの土曜日」と言っているので、1 月に何回か訪れる土曜日のうちどれでもよいと言いたい。そのような場合は a Saturday となる。

45. Saturdays

土曜日は月に 4 ～ 5 回訪れるから、「毎週土曜日」複数の Saturdays が

適切。このように普段は無冠詞で使う曜日も、文脈によって単数や複数の形になる。

Q. 括弧内に technology を適当な形にして入れてください。

> **ブロックチェーン技術**はビットコインなどの暗号資産の安全性を確立する基盤である。
>
> **Blockchain** (　**46**　) is the foundation of security for cryptocurrencies such as Bitcoin.
>
> 仮想現実や拡張現実などの**最新技術**が、ゲームや娯楽の楽しみ方を大きく変化させる可能性があります。
>
> **Cutting-edge** (　**47**　), such as virtual reality (VR) and augmented reality (AR), can revolutionize the way we enjoy gaming and entertainment.

46. technology

「科学技術 science and technology」のように漠然と技術全般に言及する時 technology は [U] 名詞。「ブロックチェーン技術」のように分野を特定してもまだ抽象的なので [U] 名詞として総称する。他の技術分野、たとえば audio technology「オーディオ技術」、manufacturing technology「製造技術」、semiconductor technology「半導体技術」なども総称する時は無冠詞でよい。ただし、各分野の中でも「いろいろな種類がある」と認識される時は複数形の technologies になる。

47. technologies

「個々の技術、異なる種類の技術」が念頭にある場合、technology は [C] 名詞として使う。例文では such as で VR や AR など異なる種類の技術を紹介しているので technologies と複数形にする。

Q. 括弧内に **entertainment** を適当な形にして入れてください。

人々には頭をリフレッシュする**娯楽**が必要だ。

People need (**48**) to refresh their mind.

夏の間、市の公園では、映画の夕べやライブ音楽コンサートを含む野外の**催し物**を開催します。

During the summer, the city parks host outdoor (**49**), including movie nights and live concerts.

48. entertainment

漠然と「娯楽、楽しみ」を表す時 entertainment は [U] 名詞。無冠詞で使う。

49. entertainments

「催し物」はイベントとしてひとつ、ふたつと数えることができる。ここでは entertainment は [C] 名詞。「映画の夕べ」や「ライブ音楽コンサート」など、複数の催し物に言及しているので複数形 entertainments にする。

Q. 括弧内に **import** を適当な形にして入れてください。

アメリカの法律ではアフリカとアジアからの象牙の**輸入**を禁じている。

US law prohibits the (**50**) of ivory from Africa and Asia.

このシャンデリアはイタリアからの**輸入品**です。

This chandelier is (**51**) from Italy.

アメリカ合衆国は中国からの**半導体輸入品**に 25 パーセントの関税をかけた。

> The United States imposed a 25 percent tariff on **semiconductor**
> (　**52**　) from China.

50. import

「輸入」を概念として述べるとき import は [U] 名詞である。ここでは「象牙」の輸入と限定しているため、the が付く。

51. an import

不定冠詞 a は「数えられる」ことを示すため、通常 [U] 名詞として使われる単語に付けると具体化する働きを持つ。an import にすると、「輸入品」となる。[U] 名詞か [C] 名詞かで下記のように意味が変化する。

> **direct import** 　　直輸入（行為として）
> **a direct import** 　　直輸入品（姿かたちのあるもの）

52. imports

[C] 名詞の複数形 imports は「（複数の）輸入品」または「輸入量」を意味する。

‖ ワンポイントアドバイス ‖

import のように抽象概念を表すと思える [U] 名詞に a や複数形の s が付くと、具体化して「品」や「量」を表す例を紹介した。このような単語は他にもある。

> **export** [U] 輸出 　　**an export, exports** [C] 輸出品、輸出量
> **purchase** [U] 購入 　**a purchase, purchases** [C] 購入品、買ったもの
> **shipment** [U] 出荷 　**a shipment, shipments** [C] 発送品、積み荷
> **emission** [U] 排出 　**emissions** [C] 排出物（通常、複数形のみ）

ふだん数を気にせずに話せる日本語の世界にいると、Step 2 をよく忘れてしまいます。たくさん練習することで「単数と複数」の感覚を磨いてください。

a の慣用的な用法

　ここでは、「a にはこんな使い方もあるのか！」と読者のみなさんに思ってもらえるような用例を集めました。不定冠詞 a は単に「ひとつ、単数」を表すわけではありません。a は数えられるものにしか付けられないため、境目がなくて数えられないと感じるものに付けると、それを「具体化・個別化」する力を発揮します。さらに具体化・個別化したものが「たくさんあるうちのひとつ（one of many）」であることも示します。

　Andrew Crosse というイギリスのアマチュア科学者の手紙にこんな一節があります。

"To create is to form **a** something out of **a** nothing.
To annihilate is to reduce that something to **a** nothing."
創造するとは何もないところから何ものかを作り出すことだ。
消滅させるとは、その何ものかを無に帰すことだ。

　something も nothing も代名詞ですから通常 a は伴いません。しかしここで Crosse は a を付けることにより「あるひとつのもの」という具体性と個別感を強調しています。残念ながら、日本語ではこのような a のニュアンスは十分に表現できません。

　練習問題を解きながら、a による「具体化・個別化」と「たくさんあるうちのひとつ」を表す働きを確認しましょう。

『フローチャートでわかる英語の冠詞』p.52–54 参照

a の慣用的な用法　練習問題

▌ 具体化・個別化する a

Q. 括弧内には a が入りますか、それとも無冠詞ですか。

> **ファン・ゴッホ**は最も有名なポスト印象派の画家の一人だった。
>
> (　**1**　) **Van Gogh** was one of the most famous Post-Impressionist painters.
>
> この絵は**ゴッホの作品**に違いない。
>
> This painting must be (　**2**　) **Van Gogh**.

1. 無冠詞

　固有名詞（名前）は無冠詞。

2. a

　世の中で広く知られた芸術家の名前に a を付けると、その芸術家の一作品を示す。

　Van Gogh に s を付けて「ゴッホの複数の作品」とすることもできる。

　　その財団は失われたゴッホの作品を探している。

　　The foundation is looking for missing van Goghs.

Q. 括弧内には **a, the** のどちらが入りますか、それとも無冠詞ですか。

> **トヨタのプリウス**はハイブリッド車だ。
>
> (　**3**　) **Toyota Prius** is a hybrid car.

私の友人は**プリウス**に乗っていたが、最近それを売却して**テスラ**に買い替えた。

A friend of mine used to drive (　4　) **Prius**, but she recently sold it and bought (　5　) **Tesla**.

3. The

Prius「プリウス」はトヨタ製ハイブリッド車。モデル名を総称する時は全体をまとめる the を付ける。

4. a

製品やモデルの名前に a を付けると具体的な「1台のプリウス」を指す。同様にメーカー名の Toyota に a を付けて a Toyota とすれば「1台のトヨタ車」の意味になる。

a friend of mine は「数ある私の友人のうちのひとり」を表し、コミュニケーションの相手がこの友人を知らない時に使う表現。 my friend は相手が誰のことを話しているのかわかっている状況で使う。

　例：This is my friend Becca.（こちらは私の友人の Becca です。）

5. a

Tesla「テスラ」はアメリカの電気自動車会社の名前であり同社が製造する自動車のブランド名でもある。a Tesla は具体的な1台のテスラを示す。

Q. 括弧内には a, the のどちらが入りますか、それとも無冠詞ですか。

ボーイング社が製造する航空機737は短〜中距離の旅客便に使われています。

(　6　) **737**, an aircraft produced by Boeing, is used for short- to medium-range passenger flights.

わが社では新しい搭乗プロセスを導入して、**737機**への搭乗時間を5

分間短縮しました。

We have introduced a new boarding process to reduce the time required to board (**7**) **737** by five minutes.

6. The

737 は飛行機のモデル名であるが、単独では数字としてしか認識されないので、the を付けてモデル名として限定する。the Boeing 737 や the Boeing 737 series という呼び方もある。

7. a

ある 1 機を示す時は【a ＋製品名】で具体化できる。a 737 または a Boeing 737 で「1 機のボーイング 737 機」を表せる。

Q. 括弧内には a が入りますか、それとも無冠詞ですか。

会議に遅刻して**ばつが悪そうな様子の Bill** は、部屋に入って来て「すみません」と言った。

Arriving late for the meeting, (**8**) **sheepish-looking Bill** entered the room and said, "Sorry."

約 200 年の鎖国の末に西洋に門戸を開き始めた**激動の日本**において、福沢諭吉の信念は実に進歩的であった。

Yukichi Fukuzawa's beliefs were very progressive in (**9**) **turbulent Japan** that was opening up to the West after about two hundred years of isolation.

8. a

人名 Bill に a を付けるのは違和感があるかもしれない。この文で、Bill は sheepish-looking「ばつが悪そうな様子」だと描写されている。固有名詞に a を付けると「いつもと様子が違う」ことを強調できる。

9. a

ここでも a は「普段と違う様相・様子」を表している。明治維新の頃、日本社会は激変しそれまでのどの時代の日本とも異なる様相をしていた。a を付けると「違う様相の Japan」を明確に示すことができる。

Q. 括弧内には a が入りますか、それとも無冠詞ですか。

英語で**ノー**と言うのを難しいと感じるかもしれません。

You might find it difficult to say (**10**   ) **no** in English.

はっきりノーと言えないなら、できる限りたくさんの言い訳をしなさい。

If you can't say (**11**   ) **unwavering no**, make as many excuses as possible.

---

10. a または 無冠詞

no や yes を「はい」「いいえ」という返事ではなく、個々の単語や 1 回の返事として捉えるならば a no, a yes と数えることができる。もちろん無冠詞で say no と言ってもよい。

11. an

形容詞 unwavering で修飾されるとただの「ノー、いいえ」とは違う no と感じられるので、an unwavering no としてほかとの区別（境目）をはっきりさせる。

▌ワンポイントアドバイス▐

練習 No. 10 と 11 では単語 "no" に a が付く例を紹介したが、2 個以上の単語に言及する時は s を付けて複数形にすることもある。

A:	Let's go into the cave.	洞窟に入ってみよう。
B:	But it's so dark.	でもすごく暗いよ。
A:	**No buts**!	「でも」は無し！

　"no buts" は「でも‥‥」と言い訳する相手に「つべこべ言わないの」と告げる慣用表現。単語 but を繰り返し口にすれば複数形の buts となる。英語話者が数えられるものに対して、常に単数・複数を区別しているのがよくわかる。

Q. 括弧内に S と L を適当な形にして入れてください。

> この写真で、女性モデルは身長 170cm で **S サイズの服**を着用しています。
>
> In this photo, the female model is 170 cm tall and wears (　**12**　).
>
> 男性モデルは身長 185cm で **L サイズの服**を着用しています。
>
> The male model is 185 cm tall and wears (　**13**　).

12. an S

　サイズを示す文字 S に不定冠詞を付けて an S とすると「S サイズの服」を示す。上記の英文で wears S とは言えない。文字を着ることはできないからで、a が付いて初めて具体的な服の意味になる。ここでは数えられるものにしか付かない不定冠詞 a が持つ「抽象的なものを具体化する力」を感じてほしい。
　もちろん「S サイズの服」は S-size clothes や an S-size dress と表現することもできる。

13. an L

　同様に an L は「L サイズの服」を意味する。S と同様に L も発音する

と母音 e の音で始まるので an になる。

括弧内に **size 9** を適当な形にして入れてください。

エアジョーダン 34 の値段を ABC オンラインショップで調べて、**9 号サイズの靴**を 1 足買った。

I looked up the prices of Air Jordan 34 at the ABC online store and bought (　**14**　).

---

14. a size 9

Air Jordan 34 は Nike 社の有名なバスケットボール・シューズで、番号は Air Jordan 1 からモデルが変わるごとに更新されている。靴のサイズは数字で表示するものが多く、「9 号」はアメリカでのサイズ表示。「9 号サイズの靴や服」など具体的で数えられるものを指す時は、size 9 を [C] 名詞として扱い単数か複数かを見極めて a や s を付ける。無冠詞の size 9 だと「9 号サイズ」という意味でしかない。ここでは靴 1 足に言及しているので a size 9 とする。自分が履いている靴のサイズについては次のように言う。

I wear a size 9 in shoes.
私は 9 号サイズの靴を履いています。

複数の靴に言及する時は size 9s とする。

■ たくさんあるうちのひとつ

Q. 括弧内には a が入りますか、それとも無冠詞ですか。

Man: My name is (**15**) **John**.

俺の名前は**ジョン**。

Woman: You don't look like (**16**) **John**.

ジョンって顔じゃないわね。

---

15. 無冠詞

固有名詞（名前）は無冠詞。

16. a

名前に a がつくと「〜とかいう人」の意味。この例文では「ジョンという名前の一人」の意味だが、偽名だろうと疑っている。

下記の例では、単に「〜とかいう人」の意味。

ストーンさんとかいう人があなたに会いたいそうです。

There is a Ms. Stone here to see you.

Q. 括弧内には a が入りますか、それとも無冠詞ですか。

A: ロサンゼルス市警の**刑事**が会いたいといって待ってるよ。

There's (**17**) **detective** from the Los Angeles Police Department waiting to see you.

B: えっ、刑事？何があった？彼を会議室に通してくれ。

A detective? What's the matter? Show him to the meeting room.

A: 「**彼**」じゃなくて、「**彼女**」だよ。

It's not (**18**) **him**. It's (**19**) **her**.

B: へえ、名前は？

Oh, what's her name?

A: スローンさん。

Ms. Slone.

17. a
相手が知らない detective「刑事」なので a が付く。

18. a
him は代名詞なので通常冠詞は付かない。ところが a him にすると「あるひとりの男性」のニュアンスが出せる。

19. a
a her にすると「あるひとりの女性」のニュアンスが出せる。

| Step 3 |

[U] 名詞、[C] 名詞、the
相手はわかる？

[U] 名詞とthe

いよいよ最後のステップです。ここでは [U] 名詞の the の判断に焦点を当てます。

Step 1 で境目がなく数えられないと判断した [U] 名詞の場合、単数・複数は関係ないので、Step 3 に進み the が付く・付かないを判断します。二者択一なので冠詞の選択は [C] 名詞より簡単です。[U] 名詞の場合、無冠詞であれば特定しないので総称していると考えられます。the が付くのは「相手がどれかわかる」時、コミュニケーションの相手と知識を共有できる時に限られます。

　　　　　数えられない名詞の冠詞選択
　　　　　　無冠詞　→　総称
　　　　　　the　→　相手がどれかわかる
　　　　　　　　　　　「例の、その」と言える（限定される）

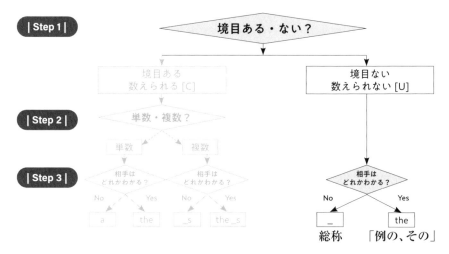

『フローチャートでわかる英語の冠詞』p.89–95 参照

Step 3-1　練習問題

Q. 括弧内に oatmeal を適当な形にして入れてください。

> **オートミール**は健康的な朝ごはんだ。
>
> (**1**) is a healthy breakfast food.
>
> スーパーで**オートミール**を買ってきてくれる？
>
> Can you get me (**2**) at the supermarket?

1. Oatmeal

oatmeal は [U] 名詞。ここでは「それ、例の」と言っていない。「オートミールというもの」を総称するため、無冠詞で使う。

2. oatmeal または some oatmeal

一般的に oatmeal に言及しているので無冠詞。買うのは「いくばくかの量」のオートミールなので some を付けることがある。[C] 名詞でも「いくばくかの数」を表すのに some が使われる。たとえば「(いつもの)スーパーで卵買ってきて」は次のように言える。

Can you get me **some eggs** at the grocery store?

Q. 括弧内に water を適当な形にして入れてください。

> 水分補給に最も適しているのは**水**です。
>
> (**3**) is the best choice for hydration.
>
> 暑い夏の日に外出する時は、熱中症予防のために**水**を携帯して直射日光を避けてください。

When going out on a hot summer day, bring (　4　) and avoid direct sunlight to prevent heatstroke.

メダカを入れる前に、水槽に入っている**水**のカルキを抜く必要があります。

You have to dechlorinate (　5　) in the tank before using it to keep your medaka fish.

3. Water

Water は物質を表す [U] 名詞なので単に「水」を総称する時は無冠詞単数で使う。

4. water または some water

bring water として無冠詞だと、「ジュース等ではなく水」という感じになる。「いくばくかの量」が意識される時は bring some water と言う。

5. the water

この文では water は「水というもの」を総称しているわけではなく、「水槽の水」に限定しているので the water になる。

Q. 括弧内には the が入りますか、それとも無冠詞ですか。

悪貨は**良貨**を駆逐する。

(　6　) **bad money** drives out (　7　) **good money**.

ユキはこの夏の間、新聞配達をして稼いだ**お金**を貯金した。

Yuki saved (　8　) **money** he had earned delivering newspapers during the summer.

6. 無冠詞 Bad

money は純粋 [U] 名詞なので、総称する時は形容詞 bad で修飾されて

も無冠詞で使う。

これは「グレシャムの法則」と呼ばれる貨幣に関する経済学の法則を表すフレーズ。転じて悪いものが流行ってよいものを駆逐するさまや、悪人がはびこって善人が圧迫されることなどのたとえに使われる。

7. 無冠詞

上記と同じ理由により、無冠詞で good money とする。

8. the

「お金に色はない」とは言うが、「夏の一定期間に新聞配達をして稼いだお金」は金額も分かり十分限定されているので the を付けるのが適切。

Q. 括弧内には the が入りますか、それとも無冠詞ですか。

ヤンは**英語**を書いくのが得意で、読むのも上手い。

Yan is good at writing (**9**) **English** and reads it quite well.

だから私の原稿の**英語**をチェックしてくれるよう彼女に頼んだ。

So, I asked her to check (**10**) **English** in my manuscript.

---

9. 無冠詞

「英語」を指す English は [U] 名詞なので、総称する時は無冠詞。American English「アメリカ英語」、British English「イギリス英語」などに分類した時も [U] 名詞として使う。

10. the

ここで English は「私が書いた原稿の英語（の文章）」に限定され、相手にも「どの英語」かわかるので the を付ける。the English sentences や the English text とも言える。異なる文脈であれば、the English がイギリスのイングランド地方出身の「イングランド人」を指すこともある。この時 the は集団をまとめる働きをしている。

合衆国では、**感謝祭の週末**明けの**月曜日**はサイバー・マンデーと呼ばれる。

In the United States, (**11**) **Monday** after (**12**) **Thanksgiving weekend** is called Cyber Monday.

この日、オンライン小売店が割引やセールを実施する。

On this day, online retailers offer big discounts.

オンライン販売にとっては一年で**最も盛大な**イベントである。

Cyber Monday is (**13**) **biggest** event of the year for online sales.

サイバー・マンデーにより、消費者は自宅で**商品**を非常に安く買える。

It allows consumers to shop for (**14**) **merchandise** at very low prices right at home.

11. the

Thanksgiving は米国の祝日で 11 月の第 4 木曜日に当たる。その週末が明けた次の月曜日は特定され、1 年のどの月曜日かわかるので the が付く。また感謝祭の翌日の金曜日は Black Friday と呼ばれ、実店舗の小売店（brick-and-mortar retailers）で大規模な安売りが行われる。

12. the または 無冠詞

祝日 Thanksgiving「感謝祭」の名前は単独ならば無冠詞で使う。Thanksgiving Day と言うときも同様。ここでは weekend に対して the が必要なので the Thanksgiving weekend となるが、the が落ちて Thanksgiving weekend（または Weekend）とする表記も見かける。

13. the

形容詞の最上級 biggest に付く the。

14. 無冠詞

merchandise は集合的に「商品」を指す [U] 名詞。総称しているので無冠詞で使う。

Q. 括弧内には the が入りますか、それとも無冠詞ですか。

バイオミメティクスは生物の多様な機能を模倣する学問である。
(　**15**　) **biomimetics** is a study to mimic diverse functions of living organisms.

たとえば並外れた強度と伸縮性で知られる**クモの糸**を使い、軽い繊維を開発しようとする**研究**がある。
For example, there is (　**16**　) **research** on developing lightweight fabric using (　**17**　) **spider silk**, which is known for its exceptional strength and elasticity.

バイオミメティクスは、人間の課題に対する革新的な解決策を見出すと期待されている。
(　**18**　) **biomimetics** is expected to create innovative solutions to human problems.

---

15. 無冠詞 Biomimetics

学問の名前 biomimetics は [U] 名詞なので無冠詞で使う。s で終わる単語だが単数扱いなので動詞 is が続いている。

16. 無冠詞

research は [U] 名詞なので無冠詞。
同じ研究を表す study を使うならば [C] 名詞なので、不定冠詞 a を付けて there is a study としなければならない。

17. 無冠詞

silk と言えば蚕の絹糸を思い浮かべやすいが「クモの糸」も silk で、

spider silk と呼ぶ。物質・素材として捉えられる [U] 名詞である。1 本の蜘蛛の糸は、数えられる名詞 thread を使い a spider's thread と表現する。

18. 無冠詞 Biomimetics

学問名は 2 度目の言及であるが、続けて総称しているだけなので無冠詞になる。

Q. 括弧内には the が入りますか、それとも無冠詞ですか。

> ソーシャル・メディアでは**フェイクニュース**が急速に広まる。
>
> (　**19**　) **fake news** spreads quickly throughout social media.
>
> 5 月の選挙期間中にインターネットに溢れた**フェイクニュース**を多くの人が信じた。
>
> Many people believed (　**20**　) **fake news** that flooded the internet during the May election.

19. 無冠詞 Fake

ここでは fake news を総称している。news は純粋 [U] 名詞なので、形容詞 fake で修飾されても無冠詞のまま。

20. the

that 節の「5 月の選挙中インターネットに溢れた」という修飾はフェイクニュースを十分に限定しているので the が付く。ただし the が落ちることもあり、用法に揺れがある。

Q. 括弧内には a, the のどちらが入りますか、それとも無冠詞ですか。

> ウィンナ・コーヒーは**生クリーム**を浮かべた人気の**コーヒー**で、その

名前はオーストリアの首都ウィーンに由来する。

Vienna coffee, (**21**) **popular cream-topped coffee**, takes its name from the Austrian capital city.

ウィンナ・コーヒーは**エスプレッソ**2杯分を用意し、その**エスプレッ ソ**の上に泡立てた生クリームの厚い層を浮かべて作る。

(**22**) **Vienna coffee** is made by preparing two shots of (**23**) **espresso**, and then topping (**24**) **espresso** with a generous layer of whipped cream.

21. a

通常 coffee は液体なので [U] 名詞だが、形容詞 popular と cream-topped で修飾されるとほかのコーヒーと異なる特徴で区別が生まれる。このような場合は a が付く。

22. 無冠詞

Vienna coffee は境目がない液体なので [U] 名詞。2度目の出現であるが、ここでも「ウィンナ・コーヒー」を総称しているので無冠詞のままにする。

23. 無冠詞

espresso も無形の物質なので [U] 名詞。エスプレッソは濃いため通常は小さなカップで少量を飲み、1杯、2杯は a shot, two shots と数える。espresso 以外にも、vodka や whiskey をストレートで飲む場合は shot を使うことが多い。

24. the

これは前に言及した単語と「同じ」を示す the。「先に用意したエスプレッソ2杯」に限定される。無冠詞だと総称なので「エスプレッソというもの」の意味になる。

括弧内には the が入りますか、それとも無冠詞ですか。

水素は燃料として使えます。

(25) **hydrogen** can be used as a fuel.

グレー水素、グリーン水素という言葉を聞いたことがありますか？

Have you heard of the terms "**gray hydrogen**" and "**green hydrogen**"?

グレー水素とは石炭や天然ガスなどの化石燃料で作られた水素のことです。

(26) **gray hydrogen** is produced using fossil fuels such as coal and natural gas.

グレー水素は今日世界中で生産される**水素**の約95%を占めています。

(27) **gray hydrogen** accounts for about 95% of (28) **hydrogen** produced in the world today.

グリーン水素は、地球温暖化ガスを排出しない風力や太陽光などの再生可能エネルギー由来の電気で作られています。

(29) **green hydrogen** is produced using electricity from renewable energy sources, such as wind and solar, which emit no greenhouse gases.

---

25. 無冠詞 Hydrogen

hydrogen「水素」は形のない物質（ガス）なので [U] 名詞。総称しているので無冠詞。

26. 無冠詞 Gray hydrogen

gray hydrogen は「水素 hydrogen」のサブカテゴリーの総称。形のない物質なので [U] 名詞として無冠詞で使う。

27. 無冠詞 Gray hydrogen

gray hydrogen は 2 度目の言及であるが、「どの、例の」と特定していない。ずっと総称しているので the は付かない。

28. the hydrogen

「今日世界中で生産される水素」と狭い範囲に限定されているので the が付く。

95% という割合を示すためには、その母集団に対して全体をまとめる the が必要。

29. 無冠詞 Green hydrogen

green hydrogen は「水素 hydrogen」のサブカテゴリーの総称なので無冠詞で使う。

Q. 括弧内の単語を適当な形にしてください。

タマネギ、トマト、生姜、にんにくとスパイスを材料にマサラを作ります。

Make masala with (**30 onion**), (**31 tomato**),

(**32 ginger**), (**33 garlic**) and (**34 spice**).

マサラを冷凍保存すると、時間がない時でもすぐカレーを作れます。

Keep (**35 masala**) in the freezer, and you can make

(**36 curry**) in a hurry.

---

30. onions

この問題を考えるにあたっては、まず Step 1 で各単語を可算・不可算のカテゴリーにきちんと分けることが大切。onion「タマネギ」は 1 個 2 個と数えられる [C] 名詞なので、総称する時は無冠詞複数 onions とする。

31. tomatoes

tomato「トマト」は [C] 名詞。総称する時は無冠詞複数 tomatoes とする。

32. ginger

ginger「生姜」は根の部分だけを使う野菜で、さまざまな形に切って売られている。つまり決まった形がない野菜なので [U] 名詞として扱われる。総称する時は無冠詞 ginger とする。

33. garlic

日本人にはなぜ丸い onion が数えられて、似たような形の丸い garlic「にんにく」が数えられないのかよく理解できないが、garlic は [U] 名詞で総称する時は garlic とする。ひとかけ、ふたかけと数える時は one clove of garlic, two cloves of garlic とする。

34. spices

spice「スパイス」は [C] と [U] の両方の使い方がある。カレー用には多種類のスパイスが必要なのでここでは [C] 名詞として複数形 spices が正しい。

35. the masala

食材・料理名としての「マサラ masala」は [U] 名詞で総称する時は無冠詞で良い。ここでは第 1 文で調理したマサラを指しているので the が付く。

36. a curry または curry

curry「カレー」は [C] と [U] の両方の使い方がある。ソースをイメージする場合は境目のない [U] 名詞として、料理の種類として捉える時は [C] 名詞として使うことが多い。ここでは make curry と言えるが、a curry にすると in a hurry と韻を踏むので味わいが出る。

[C] 名詞とthe

つづいて Step 3-2 です。数えられる名詞の場合、フローチャートでわかるように冠詞の選択は4択です。単数・複数を見極めていれば2択に絞り込めます。そして the の要否を考えるにあたっては、話している相手との「知識の共有」が判断のカギです。基本ルールとして、the は「相手がそれとわかる」ものに付けます。the の判断に迷ったら、下記のポイントを考えてみてください。

　　　　　数えられる名詞の冠詞選択
　　　　　相手がどれかわかる？　　　→ わかるなら **the** を付ける。
　　　　　「例の、その」と言える？　→ 言えれば **the** を付ける。
　　　　　唯一 **(the only)** のもの？　→ 唯一ならば **the** を付ける。

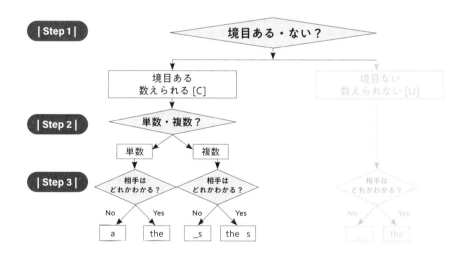

『フローチャートでわかる英語の冠詞』p.96–110 参照

▌ 2度目の言及で同じものを示す the

　相手が知らない初出の単語を紹介したあと、「同じもの」を示すには the
を付ける。

Q. 括弧内には a と the のどちらが入りますか。

その美人女優はいつも厚化粧をしている。

That beautiful actress always wears heavy makeup.

彼女がすっぴんの**自撮り写真**を投稿した時、**その写真**はインターネッ
ト上で急速に拡散した。

When she posted (　**1**　) **selfie** of herself without makeup, (　**2**　)
picture went viral on the internet.

---

1. a

　　selfie「自撮り写真」は何枚でも撮れるので、one of many を示す a が付く。
　　第 1 文の makeup「化粧」は [U] 名詞で、形容詞 heavy で修飾されても
　　無冠詞のまま。

2. the

　　この picture は初出の selfie を言い換えているので、「同じもの」と同定
　　するための the が必要。　ここで a picture とすると「ある 1 枚の写真が」
　　の意味になり、わけのわからない文になってしまう。

Q. 括弧内には a と the のどちらが入りますか。

購買契約書 (SPA) は、ある商品の**販売者**と購入者の間で取り交わす法的な契約である。

A sales and purchase agreement (SPA) is a legal contract between (**3**) **seller** and (**4**) **buyer** of a product.

販売者と**購入者**間の交渉の結実として締結される。

It is signed as the culmination of negotiations between (**5**) **seller** and (**6**) **buyer**.

3. と 4. a

この英文は定義文で a sales and purchase agreement を説明している。seller、buyer ともに [C] 名詞で初出の単語。主語の agreement が単数形なので契約に関わる 2 者も a seller and a buyer とする。

5. と 6. the

2 度目に言及される「販売者」と「購入者」なので、「その」を示す the を付けて the buyer, the seller とする。

Q. 括弧内には the が入りますか、それとも無冠詞ですか。

それぞれ 2 分、3 分、5 分毎に鳴る**鐘**が 3 つあります。

There are (**7**) **three bells** that ring at intervals of 2, 3, and 5 minutes, respectively.

この鐘が 12 時に同時に鳴るとします。次に同時に鳴るのは何時何分でしょう？

If (**8**) **bells** ring together at 12 o'clock, at what time will they ring again simultaneously?

この問題に答えるには、2，3，5という**3つの数**の**最小公倍数**を求める必要があり、**方程式**は「2 × 3 × 5 = 30」である。

To answer this problem, you need to obtain (　**9**　) **least common multiple** of (　**10**　) **three numbers** 2, 3, and 5, and (　**11**　) **equation** is 2 x 3 x 5 = 30.

答えは 12 時半です。

(　**12**　) **answer** is 12:30.

7. 無冠詞

[C] 名詞の bells は初出で複数形なので無冠詞。関係代名詞 that で修飾されているが、同種の鐘はほかにもあり得るので限定する the は付かない。

8. the

第 1 文の three bells と同じものであることを示す the が必要（these bells とも言える）。無冠詞の bells にすると第 1 文とは関係ない「相手にはどれかわからない複数の鐘」の意味になる。

9. the

3 つの数の「最小公倍数」はひとつしかないので「唯一」を表す the が付く。

10. the

ここで「3 つの数」は 2 と 3 と 5 に限定されているので the が付く。

11. the

最小公倍数を求める式はこれ以外にないので「唯一」を表す the を付ける。equation は「等式、方程式」。

12. The

「答」はひとつなので the。

Q. 括弧内に **red carpet** を適当な形にして入れてください。

皇族、高位の人や有名人が**赤いじゅうたん**の上を歩く姿をテレビでよく目にする。

On TV, we often see royals, dignitaries, and celebrities walk on (**13**).

ハリウッドでは 1960 年代に、アカデミー賞授賞式で**赤いじゅうたん**を使い始めた。

In Hollywood, (**14**) was first used for the Academy Awards ceremony in the 1960s.

多くの映画ファンはお気に入りのスターがきらびやかな衣装で**赤いじゅうたん**を歩くのを見て興奮する。

Many movie fans are excited to see their favorite stars walk on (**15**) in gorgeous outfits.

13. red carpets

carpet は [C] 名詞で、さまざまな場所で人がその上を歩くのだから複数形の red carpets にする。

14. a red carpet

アカデミー賞授賞式用の「赤いじゅうたん」は初出の単語で one of many なので a red carpet。

15. the red carpet

ここでは先に紹介した「アカデミー賞授賞式で使う赤いじゅうたん」なので、「同じもの」を示す the を付けて the red carpet とする。

▌ 共有する空間・知識でわかる「いきなり the」

コミュニケーション相手と相互理解が成り立つものには、いきなり the が付く。

Q. 括弧内には a と the のどちらが入りますか。

＜A が電話に応対し B がそばに居た時の会話＞

A: 番号をお間違えだと思います。

I'm afraid you have (　**16**　) **wrong number**.

B: 誰からの電話？

Who was it on the phone?

A: ただの**間違い電話**だった。

It was just (　**17**　) **wrong number**.

---

16. the

電話を受けた A は掛けてきた相手とコミュニケーションの場を共有している。ダイヤルした番号はひとつで、正しいか間違っているかのどちらかしかない。この状況では「間違い」に限定されるので the になる。このように the は「相手との知識の共有」を基にしている。

17. a

A のそばに居た B は電話が鳴ったのを聞いているが、電話の内容については知らない。A は「B が間違い電話だと知らない」ことを前提に a wrong number と答えている。間違い電話はいくつも掛かってくるので「そのうちのひとつ」を表すのが a。

Q. 括弧内には a と the のどちらが入りますか。

武道館での昨日のコンサートでは、熱狂した**聴衆**が音楽の**リズム**に合

わせて**床**を踏み鳴らした。

At yesterday's concert in Budokan, (**18**) **audience** went wild, pounding on (**19**) **floor** to (**20**) **rhythm** of the music.

18. the

audience は「聴衆、観衆」全体をひとまとめのグループとして示す単語で [C] 名詞。an audience はひとつの会場の聴衆で、audiences は複数の会場の聴衆を表す。ここで「聴衆」は武道館で昨日行なわれたコンサートに来た人々に限定されるので、the が付く。

19. the

文脈から読み手にも「武道館の床」だとわかるので the。ここで a floor にすると「世の中のどれでもよい床」になってしまう。

20. the

「コンサートで演奏された曲のリズム」であるとわかるので the。

Q. 括弧内には a と the のどちらが入りますか。

A: バルセロナでの一泊はどうだった？

How was your overnight stay in Barcelona?

B: **街**は素敵だったけど、泊まった**ホテル**はイマイチだった。

(**21**) **city** was marvelous, but (**22**) **hotel** we stayed in wasn't that good.

シャワーでお湯が出なかったので、冷水で**さっとシャワー**を浴びなければならなかったよ。

(**23**) **shower** didn't have hot water, so I had to take (**24**) **quick shower** with cold water.

21. The

city は Barcelona の言い換えであり、city = Barcelona を示すために「同

じ」を表す the が必要。

22. the

ここで the hotel と言えば、A はバルセロナで B が一泊したホテルだとわかる。「相手がどれかわかる」ので the になる。

23. The

会話の状況から「泊まったホテルのシャワー装置」だとわかるので The shower。

24. a

shower には「シャワー装置」と「シャワー（を浴びること）」の両方の意味があり、どちらも [C] 名詞。23 では「どのシャワー装置」かわかるので the であったが、こちらは「シャワーを浴びる」行為を指し 1 回 2 回と数えられるので a が適切。形容詞を変えれば、a long shower「長いシャワー」、a relaxed shower「リラックスしたシャワー」など違う様子のシャワーを表現することができる。

Q. 括弧内には **a, the** のどちらが入りますか、それとも無冠詞ですか。

飛行場に着いたら、**手荷物検査**を済ませ出発の 10 分前までに**搭乗口**にお越しください。

After arriving at (　**25**　) **airport**, go through (　**26**　) **security check** and be at (　**27**　) **boarding gate** no later than 10 minutes prior to departure.

---

25. the

これから飛行機に乗ろうとする乗客へのメッセージの場合、各自が利用する飛行場はひとつに限定されるので the。

26. the

手荷物検査は一度受ければよいので「唯一」の the が使える。

27. the

搭乗口は各自が乗るフライトで唯一に決まっているので the が付く。

Q. 括弧内には **a, the** のどちらが入りますか、それとも無冠詞ですか。

リスボンは年間を通して**良い天候**だ。

Lisbon has (**28**) **nice climate** throughout the year.

リスボンで**良い天気**に恵まれた。

We had (**29**) **nice weather** in Lisbon.

今日のリスボンの**天気**はどうですか？

How is (**30**) **weather** in Lisbon today?

---

28. a

「気候、天候」を意味する climate は [U] と [C] どちらでも使える。nice など形容詞が付いた時は a を伴う。

　　ほかの例：a tropical climate（熱帯性気候）、a dry climate（乾燥気候）

29. 無冠詞

weather は純粋 [U] 名詞なので、形容詞が付いても無冠詞のまま。

30. the

「相手にもわかる」特定の場所の天気について言及する時は the weather になる。

自分が住んでいる地域の天気についてコメントするなら、いきなり the weather で OK。

　　例：The weather is hot today. 今日は暑い。

Q. 括弧内には **a, the** のどちらが入りますか、それとも無冠詞ですか。

気候変動は**環境**に対する重大な脅威であり、この問題に取り組むことは**世界経済**の長期的な安定に欠かせない。

Climate change poses a significant threat to (**31**) **environment**, and addressing it is crucial for the long-term stability of (**32**) **world economy**.

持続可能な環境を作ることは、**安定した世界経済**を確かなものにするために必要である。

Creating (**33**) **sustainable environment** is necessary to ensure (**34**) **stable global economy**.

---

31. the

environment は [U] と [C] の両方の使い方がある。ここで「環境」と言えばコミュニケーション相手は「自分たちが今暮らしている環境」であると理解する。このように「相手の了解」が得られる場面では、いきなり the を付けて the environment とする。

32. the

economy も [U] と [C] の両方の使い方がある。自国の経済などに言及する時は、相手もわかるので the を付ける。「世界経済」についても同様に the world economy とする。

33. a

environment が形容詞 sustainable で修飾されると、今ある environment との違いが感じられる。「私たちが知っている環境とは違う様態」の環境がイメージされるので、a が付いて a sustainable environment になる。

34. a

global economy も形容詞 stable で修飾されると、たとえば unstable「不安定な」世界経済とは異なるものになる。そのため区別（境目）を示す a が付く。

▋ 目の前にあるものは「いきなり the」

Q. 括弧内には a と the のどちらが入りますか。

パソコンで仕事する時は、10 分毎に**ディスプレイ**から視線を離し**天井**
など遠くのものに数秒焦点を合わせなさい。

When working at (**35**) **PC**, shift your gaze from (**36**) **display**
every 10 minutes and focus for several seconds on (**37**) distant
object, like something on (**38**) **ceiling**.

---

35. a

PC は限定しない場合は「ある 1 台」を示す a にする。your PC「あな
たのパソコン」として読み手に呼びかけることもできる。

36. the

ディスプレイは先に言及した a PC または your PC のディスプレイに限
定されるので the display とする。a display にすると「自分が仕事をし
ている PC 以外で世の中にあるどのディスプレイ」でも良くなってしま
う。

37. a

「遠くのもの」はたくさんあって、何でもよいので one of many を示す
a を付けて a distant object とする。

38. the

「天井」は、パソコン作業をしている部屋の天井と考えられるので the
になる。a ceiling だと「とにかくどこでもいいから建物のある天井」み
たいな意味になり、不自然。

Q. 括弧内には a と the のどちらが入りますか。

＜ホテル備え付け金庫の使い方＞

まず**金庫のドア**を閉じます。

First close (　**39**　) **safe door**.

キーパッドで任意の**4桁の暗証番号**を入力します。

Enter (　**40**　) **four-digit code** of your choice on (　**41**　) **keypad**.

#キーを押します。

Press (　**42**　) **# key**.

緑のライトが点灯すれば、番号が登録されています。

(　**43**　) **green light** will turn on to indicate that your code has been accepted.

再び暗証番号を入力して金庫を解錠します。パスポート、お金、宝石などの貴重品は金庫に保管してください。

Enter your code again to unlock the safe. Be sure to place your valuables such as passports, money and jewelry in the safe.

39. the

この指示文は金庫のそばに表示されているはずで、金庫のドアは読み手の目の前にあるので the が適切。ここで a safe door にすると、「世の中にあるどの金庫でもいいから、そのドア」の意味になってしまう。

40. a

暗証番号は各自が好きな番号を選んで決めるので限定できない。a four-digit code が正しい。

41. the

この keypad は目の前にある金庫のキーパッドであるから the keypad となる。

42. the

キーパッド上にある#印のついたキーなので the # key として限定する。

a # key だと手持ちの任意のデバイスで # キーを押してもよいことになる。

43. The

金庫上の緑のライトを指すので the で限定する。無冠詞 green light だと、形のない「緑色の光」の意味になる。

▌▌唯一のもの

Q. 括弧内には a と the のどちらが入りますか。

A: ケンにプロポーズされて、Yes と言ったの。
Ken proposed to me, and I said "Yes."

B: 彼が**ぴったりの男**だと確信してるの？
Are you sure he's (**44**) **right guy**?

A: うん。彼こそ私が**探し求めていた男**。
Yes. He's (**45**) **one**.

---

44. the

この文脈では「自分にぴったりで唯一の」を意味する the が必要。He is a right guy だと単に「彼はいいやつだ」の意味になる。a は何人もいるうちのひとりを指す。

45. the

He is the one I was looking for. とも言えるが、the one とすることで「（唯一の）運命の人」を表現できる。

Q. 括弧内には a と the のどちらが入りますか。

出汁は京都料理の**神髄**です。

Soup stock , or dashi in Japanese, is (**46**) **quintessence** of Kyoto cuisine.

シンプルさは**究極の洗練**である。
Simplicity is (**47**) **ultimate sophistication**.

46. the

quintessence は「（物質の）最も純粋なエッセンス、本質、神髄、典型」を表す言葉なので、「唯一」の意味合いを持つ the を伴う。

47. the

Leonardo da Vinci の名言。単語 sophistication は [U] 名詞で ultimate が付くと「究極の、最終の、最良の」という意味になり唯一を表す the が付く。

Q. 括弧内には a と the のどちらが入りますか。

2社の合併は、成長する**よい機会**となったばかりでなく、業界改革の**絶好の機会**となった。
The merger of the two companies created not only (**48**) **good opportunity** for growth but also (**49**) **perfect opportunity** to revolutionize the industry.

48. a

「良い機会」は一回だけとは限らず何度も訪れるであろうと思われる。one of many の a が適切。

49. the

形容詞 perfect は「またとない」つまり「2度と訪れない」を意味するため、「唯一」の the を付ける。

Q. 括弧内には a と the のどちらが入りますか。

ここらへんでは秋はいつも雨がちだ。しかし昨日は**青空**で太陽が輝いていた。

Autumns are usually rather rainy here. But yesterday (　**50**　) sky was blue, and (　**51**　) sun was shining brightly.

晴れた 10 月の空と海岸を明るく照らす**太陽**を楽しんだ。

We enjoyed (　**52**　) clear October sky with (　**53**　) bright sun shining on the beach.

---

50. the

「空」は自分の世界に漠然と同種のものはひとつしかないと考えられるので the が付く。似た例に the wind, the air, the stars などがある。

51. the

太陽系の恒星である「太陽」は唯一の存在なので the が付く。

52. a

clear と October によって修飾されることで、ほかの様相の空と「区別が生じる→ 境目が認識される」ため a になる。

53. a

上記と同様に形容詞 bright による修飾により、太陽（日光）のあるひとつの様相が表されるため a が付く。

Q. 括弧内には a と the のどちらが入りますか。

＜アメリカの大統領に関するジョーク＞

ジョージ・ワシントンは嘘をつけなかった。

George Washington couldn't tell (　**54**　) lie.

リチャード・ニクソンは**真実**を語れなかった。

Richard Nixon couldn't tell (　**55**　) **truth**.

ドナルド・トランプは**違い**がわからない。

Donald Trump can't tell (　**56**　) **difference**.

54. a

アメリカ合衆国初代大統領ジョージ・ワシントンについては、子供のころ桜の木を切ってしまったが、叱責を覚悟で父親に正直に話したという伝説がある。嘘はいくつもつけるので one of many の a が付き tell a lie となる。

55. the

真実はひとつしかないので唯一を示す the がついて、the truth となる。ニクソンはウォーターゲート事件で盗聴の真実を隠し続けたが、後に暴露された。

tell the truth の表現では、アメリカの法廷で証人が誓う言葉 "I swear to tell the truth, the whole truth and nothing but the truth." が有名。

56. the

ここで difference は「嘘 lie と真実 truth」の違いを指している。a difference だと「違いはいろいろあるけれど、その内のどれか」の意味になるので弱い。the difference とすると「根本的な違い」のニュアンスになる。

固有名詞とthe

　固有名詞である人名、地名、国名は、ある特有の対象を示すことができます。相手は「それとわかるか」考える必要がないので、普通は the をつけずに無冠詞で使い、英単語では最初の 1 字を大文字にして表記します。ところが固有名詞が普通名詞を含む場合は定冠詞 the が付いたり付かなかったりするので、英語を書く時は「どっちだろう」と迷うことになります。

たとえば、海の名前は通常 the を伴います。ところが同じように水が存在する場所であっても湖は無冠詞です。

the を伴う　the Pacific Ocean（太平洋）、the Indian Ocean（インド洋）、
　　　　　　　 the Yellow Sea（黄海）

無冠詞　　　Lake Biwa（琵琶湖）、Lake Tekapo（テカポ湖）

また海岸には the を付けるのに、浜辺（ビーチ）は無冠詞です。

the を伴う　the Gold Coast（ゴールド・コースト）、the West Coast（西
　　　　　　　 海岸）

無冠詞　　　Pebble Beach（ペブル・ビーチ）、Waikiki Beach（ワイキキ・
　　　　　　　 ビーチ）

　なぜこのような違いがあるのか？ 一説によれば、大洋や海岸など範囲が広くて境界がわかりにくい場合は the によって対象を限定する必要があるとのこと。一方、湖やビーチなどは「どこからどこまで」という境目がはっきりしているので、the が不要だということです。

　ただし上記のような基準で、ありとあらゆる固有名詞に the が付くか付かないかを判断するのはまず不可能です。実際、建物や施設や組織や製品などは the が付いたり無冠詞だったりして、法則性を見つけられません。「ホテル

や新聞の名前には the がつくが、駅や道路の名前には the が付かない」など、基本的なことは覚えておき、不安があれば自分で調べてみることが大切です。

Step 3-3　練習問題

▊ 建物・施設・地名

Q. 括弧内には the が入りますか、それとも無冠詞ですか。

> ドライブに行くには良い日だ。横浜に行かない？　東京湾をまたぐ**横浜ベイブリッジ**を車で渡れるよ。
>
> It's such a nice day to go for a drive. How about going to Yokohama? We can drive across （　1　） **Yokohama Bay Bridge**, which crosses （　2　） **Tokyo Bay**.

1. the

橋の名前には通常 the が付く。

　　ほかの例：the Rainbow Bridge（レインボー・ブリッジ）、the Golden Gate Bridge（ゴールデン・ブリッジ）

2. 無冠詞

湾は【地名＋ Bay】の形の時は無冠詞。

　　ほかの例：Toyama Bay（富山湾）、Sagami Bay（相模湾）、Hudson
　　　　　　　Bay（ハドソン湾）

ただし A of B の形になると the Bay of Tokyo（東京湾）の形になり the が必要なので注意。

Q. 括弧内には the が入りますか、それとも無冠詞ですか。

> 隅田川は浅草寺や東京スカイツリーなどの東京の有名な観光スポットの近くを流れています。
>
> (3) **Sumida River** flows near Tokyo's famous sightseeing spots, such as (4) **Senso-ji Temple** and (5) **Tokyo Skytree**.
>
> 早春には、川沿いで美しい桜の花を楽しむことができます。
> In early spring, you can see beautiful cherry blossoms along the river.

3. The

川の名前には the が付く。

> ほかの例：the Mogami River（最上川）、the Nile（ナイル川）、the Thames（テムズ川）

4. 無冠詞

お寺の名前は無冠詞。浅草寺の場合、Senso-ji Temple にすると「浅草寺寺」となり意味が重複してしまう。しかし「せんそうじ」が馴染みある呼称なのでこの書き方が多い。

5. the

タワーの名前には the が付く

> ほかの例：the Tokyo Tower（東京タワー）、the Eiffel Tower（エッフェル塔）、the Tower of London)（ロンドン塔）

Q. 括弧内には the が入りますか、それとも無冠詞ですか。

> 成田空港に到着したら、成田エクスプレスで東京に出てください。
> When you arrive at (6) **Narita Airport**, take (7) **Narita Express** to go to Tokyo.
>
> 空港から東京駅までおよそ 55 分かかります。

It takes about 55 minutes from the airport to (　8　) **Tokyo Station**.

駅周辺にはホテルがたくさんあります。

There are many hotels around the station.

高級ホテルに滞在を希望するなら、**パレスホテル**がお勧めです。皇居
から徒歩数分のロケーションです。

But if you wish to stay in a luxury hotel, I recommend (　9　) **Palace Hotel**, which is located just a few minutes' walk from (　10　) **Imperial Palace**.

6. 無冠詞

空港名は無冠詞。

7. the

電車に固有の名前が付いている場合は the が付く。

> ほかの例：the Nanatsuboshi（ななつ星）、the Orient Express（オリエント急行）

8. 無冠詞

駅名は無冠詞。

9. the

ホテル名も the を伴うことが多い。

> ほかの例：the Ritz（リッツ）、the Okura（オークラ）

10. the

宮殿名の場合、the が付くことが多い。

ただしイギリス王室に関連する宮殿の場合、Buckingham Palace や
Kensington Palace など無冠詞で使う。

Q. 括弧内には **the** が入りますか、それとも無冠詞ですか。

> カナは**早稲田大学**の学生です。
>
> Kana is a student at (　**11**　) **Waseda University**.
>
> 彼女は **MIT** の大学院で勉強したいと望んでいます。
>
> She wants to go to (　**12**　) **Massachusetts Institute of Technology (MIT)** for graduate study.

11. 無冠詞

　　大学名の冠詞は of を含むか含まないかで判断できる。【地名や人名＋university/college】の大学名は無冠詞で使う。

　　　　ほかの例：Keio University（慶應義塾大学）、Stanford University（スタンフォード大学）、Oxford University（オックスフォード大学）、Boston College（ボストンカレッジ）

12. the

　　【of ＋ 地名など】の大学名は頭に the が付く。

　　東京大学の場合、形により冠詞の使い方が変化し Tokyo University または the University of Tokyo となる。

　　　　ほかの例：the University of California（カリフォルニア大学）

▌ 製品や乗り物

Q. 括弧内には **the** が入りますか、それとも無冠詞ですか。

> Windows ユーザーはオペレーティング・システムを最新バージョンにアップグレードすることができる。
>
> Windows users can upgrade their operating systems (OS) to the latest version.

しかし **Windows 10** を **Windows 11** の **OS** にアップグレードしたユーザーの中には、互換性の問題を経験した人がいる。

But some have experienced compatibility issues when they upgraded from (**13**) **Windows 10** to (**14**) **Windows 11 operating system.**

13. 無冠詞

Windows OS のようにバージョンが数字で示される製品の場合、数字そのものに限定の働きがあるため the は必要ない。

14. the

上記で説明したように製品名 Windows 10 が単独で使われている時は無冠詞で使うが、ここでは operating system が後に続いている。このような場合は operating system に対して the が必要。

▌ ワンポイントアドバイス ▌

Windows 10 と同じように、【普通名詞＋数詞（ほかの記号）】の組み合わせで数詞により名詞が限定されるものは無冠詞で使う。

図 3	**Figure 3**	表 A5	**Table A5**
第 7 章	**Chapter 7**	16 番ゲート	**Gate 16**
付録 IX	**Annex IX**	2 番線	**Platform 2**

Q. 括弧内には **the** が入りますか、それとも無冠詞ですか。

M440 i は 6 気筒のエンジンが搭載されたスピードの出る車です。

(**15**) **M440 i** is a fast car equipped with a six-cylinder engine.

15. The

M440i は BMW 社が製造する車のモデル名。記号・数字だけの製品名・モデル名には the を付ける。

Q. 括弧内には the が入りますか、それとも無冠詞ですか。

宮崎駿監督のアニメーション映画『風立ちぬ』は、**第二次世界大戦中**に**零戦**を含む数多くの戦闘機を設計した堀越二郎を主人公にしています。

The animated film "The Wind Rises" (original Japanese title: *Kaze Tachinu*), directed by Hayao Miyazaki, features Jiro Horikoshi, who designed Japanese fighter aircraft, including (　**16**　) **Zero Fighter**, during (　**17**　) **World War II**.

この映画は 2013 年の大ヒット作でした。

The film was a blockbuster hit in 2013.

---

16. the

「零戦」は「零式艦上戦闘機」の通称で、飛行機などの乗り物に固有の名前がついている時は the を伴う。

ほかの例：the Enola Gay（エノラ・ゲイ）、the Spirit of St. Louis（スピリット・オブ・セントルイス号）

17. 無冠詞

第二次世界大戦を World War II と表記する時は、数値が最後に置かれるため無冠詞となる。the Second World War の場合は「2 番目」という限定のため the が必要。

Q. 括弧内には the が入りますか、それとも無冠詞ですか。

ダイアモンド・プリンセス号の乗客の間で**新型コロナ**の集団感染が起こって以来 3 年にわたり、外国籍のクルーズ船は日本の港に入港を許可されなかった。

Foreign cruise ships were not allowed to make port calls in Japan for three years after a mass outbreak of (　**18**　) **COVID-19** on (　**19**　) **Diamond Princess** in 2020.

コロナ危機が沈静化したあと、国際クルーズ船が 2023 年春に日本の港に入り始めた。

In the spring of 2023, after (　**20**　) **COVID-19 crisis** had subsided, international cruise ships started calling in Japanese ports.

---

18. 無冠詞

COVID-19 は Coronavirus disease 2019 の略称で、2019 年に発生したことを示す数字 19 により限定されるので the を付ける必要はなく、無冠詞で使う。

19. the

船の名前には通常 the が付く。

> ほかの例：the Titanic（タイタニック号）、the Queen Elizabeth（クイーン・エリザベス号）

20. the

COVID-19 を単独で使う時は無冠詞でよい。ところが「コロナ危機」のように crisis が続く場合は crisis に対して the が必要になるので、the COVID-19 crisis が 正 し い。the COVID-19 pandemic, the COVID-19 lockdown などの場合も同様。

Q. 括弧内には the が入りますか、それとも無冠詞ですか。

「**インターネット Internet**」は発明以来長いあいだ固有名詞としてIで表記されていた。

For a long time since its invention, "(**21**) **Internet**" was spelled as a proper noun with an uppercase "I".

しかし最近では、もはや大文字表記ではなく小文字のiで表記されている。

Recently, however, it is no longer capitalized and instead spelled with a lowercase "i".

インターネットは広く普及し、普通名詞として捉えられるようになったからである。

The reason behind this change is that (**22**) **internet** is so widespread that it has become a common noun.

世界的な報道機関である**米国連合（AP）通信社**は、2016年発行のスタイルガイドで、この単語を小文字化すると宣言した。

(**23**) **Associated Press (AP)**, a global news company, announced in its 2016 style guide that they would lowercase the word.

21. the

世界規模の「インターネット」に固有名詞として言及する時は、大文字・小文字表記に関わらず必ず the を付ける。

22. the

an internet にすると単に「複数のネットワークをつないだもののうちのひとつ」を指す名詞になるので、the が必要。

23. The

AP 通信社の名前は the Associated Press である。

そのほかの新聞社や新聞名にも the が付く。

> 例：the Japan Times（ジャパン・タイムズ）、the Financial Times（ファイナンシャル・タイムズ）、the Washington Post（ワシントン・ポスト）

▌▌ 組織と役職

Q. 括弧内には the が入りますか、それとも無冠詞ですか。

> 上田さんは、**環境保護協会の広報部の部長**です。
>
> Ms. Ueda is (　**24**　) **general manager** of (　**25**　) **Public Relations Department** of (　**26**　) **Environmental Protection Association**.

24. the または 無冠詞

general manager は広報部に一人しかいないので唯一の the が付く。ただし A of B の形であっても、役職・役割が意識される時、名詞 A は無冠詞で使われる。役職名に人名が続く場合は General Manager Ueda とする（タイトル名は通常大文字化して General Manager とする）。

25. the

組織の部課名（Division, Department など）には the が付く。

ただし第 1 設計部と第 2 設計部など部署を数字で区別する場合 the は不要で、Design Group 1 と Design Group 2 となる。

26. the

Environmental Protection Association のように普通名詞を組み合わせた名前や、Association, Agency, Organization などの普通名詞が含まれる固有名詞の場合、ひとつのまとまった組織として同定できるように the を付ける。

　ほかの例として上野にある「国立西洋美術館」を考えてみよう。英語名称は the National Museum of Western Art で the を伴い各単語が大文字で始まることで、固有名詞として認識できる。a national museum of western art だと単に「ある国営の西洋美術館」の意味でどの国の国立美術館にも当てはまってしまう。

‖ ワンポイントアドバイス ‖

　組織名をウェブサイトで確認すると、the が必要な名前でもロゴのようにデザインされて the が付いていないことが多い。たとえば金融庁の日本語ウェブサイトでは「金融庁　Financial Services Agency」となっている。これを見て the は不要と判断するのは間違い。Agency などの普通名詞を含む固有名詞には、組織として特定する the を付ける必要がある。また和英辞書で「金融庁」を調べると、the を省略して示しているケースがあるので注意して欲しい。

Q. 括弧内には the が入りますか、それとも無冠詞ですか。

リシ・スナク首相は日本の岸田文雄首相とロンドン塔で会い、イギリスと日本の間の協力関係について討議した。

(　**27**　) **Prime Minister Rishi Sunak** met (　**28**　) **Prime Minister of Japan**, Fumio Kishida, at (　**29**　) **Tower of London** to discuss cooperative relations between (　**30**　) **United Kingdom** and Japan.

両首脳は防衛と安全保障の面で協働することに同意した。
The leaders agreed to collaborate in defense and security.

27. 無冠詞

役職名に続けて人名を置く場合は無冠詞。

28. the

A of B の形の時、日本の現役首相は一人しかいないので唯一の the が付く。**27** のように役職名に人名が続く時は無冠詞で Prime Minister Fumio Kishida となる。

29. the

塔の名前には the が付く。

30. the

イギリスの国名を表す時には the を付けて the United Kingdom とする。短縮形 UK を名詞で使う時も the UK が正しい。

Q. 括弧内には a, the のどちらが入りますか、それとも無冠詞ですか。

持続可能な開発目標（SDGs）は 2015 年に**国連**により採択された、「誰一人として取り残さない」**持続可能でより良い世界**を目指す国際社会の目標です。

(**31**) **Sustainable Development Goals (SDGs)** were adopted by

(**32**) **United Nations** in 2015 as an international goal to achieve

(**33**) **sustainable and better world** that "Leaves No One Behind."

---

31. The

SDGs は 17 の目標から成るので、goals 全体をまとめる the が必要。

32. the

united も nations も普通名詞なので、この組み合わせだけでは「国の連合」の意味しかない。大文字 United Nations として全体を組織としてまとめる the を付けると固有名詞として同定できる。短縮形の UN を使う時も the UN とする。

33. a

人間が暮らす「世界」一般に言及する時は、「みなが知っている」the を付けて the world とする。一方、ここでは形容詞 sustainable と better に修飾されることで、「持続可能でより良い」というまだ実現されていない世界を表す。「今と異なる様相の世界」という区別が生まれ a sustainable and better world となる。

Q. 括弧内には **a, the** のどちらが入りますか、それとも無冠詞ですか。

北日本の原住民により話された**アイヌ語**は **UNESCO** により**絶滅危惧言語**に分類されている。

(**34**) **Ainu language** spoken by the native inhabitants of northern Japan is classified by (**35**) **UNESCO** as (**36**) **critically endangered language**.

34. The

無冠詞の Ainu 単独で「アイヌ語」を示せる。Ainu language とする場合は language に対して限定の the が必要。ほかの例を挙げると、無冠詞 English だけでも「英語」の意味を表せるが、language が付くと the English language としなければならない。

35. 無冠詞

UNESCO は the United Nations Educational, Scientific and Cultural Organization（国際連合教育科学文化機関）の短縮名。普通名詞を組み合わせた固有名詞なので、組織としてまとめる the が必要。一方、略称の UNESCO は「ユネスコ」と「あだ名／通称／俗称」で呼ぶ感じであり、固有名詞化するので、定冠詞は不要。

36. a

critically endangered language は世界中にたくさんあるので one of many を意味する a を伴う。

　長い英語の組織名はしばしば省略形が使われる。この時は the を伴う組織名でも、UNESCO「ユネスコ」のように「あだ名／通称／俗称」で呼ぶ場合は無冠詞 UNESCO で OK。一方、国連の短縮形である UN「ユーエヌ」のようにアルファベットをそのまま発音する場合には the UN とする。組織を示す the を付けないとただのアルファベットの組み合わせとの違いがわからないためである。

『フローチャートでわかる英語の冠詞』p.117 参照

Q. 括弧内には a, the のどちらが入りますか、それとも無冠詞ですか。

A: ジェームズ・ボンドは映画では最も有名なスパイで、通称 **MI6** として知られる**英国の秘密情報部**に属している。

James Bond is the most famous movie spy. He works for

(**37**) **British Secret Intelligent Service**, commonly known as

(**38**) **MI6**.

B: だったら、アメリカの **CIA** で働く有名なスパイは誰？もちろん架空の人物で。

Then, who is a famous spy working for (**39**) **CIA** of the US?

I'm talking about a fictious character, of course.

A: え〜っと、ジェーソン・ボーンって聞いたことある？　元 **CIA エージェント**で、アメリカ人俳優のマット・デーモンがその役を演じたよ。

Hmm, have you heard of Jason Bourne? He is (**40**) **former CIA agent**, and the role is played by American actor Matt Damon.

---

37. the

Service のような普通名詞を含む固有名詞の場合、全体をまとめる「組織の the」が必要。

38. 無冠詞

MI6 は Military Intelligence, Section 6 の略称である。「エムアイ」とアルファベット読みするが、数字6で部署が特定されるため無冠詞となる。

39. the

CIA は正式名称の the Central Intelligence Agency の場合も普通名詞の名前なので、全体をまとめる the が必要。「シーアイ―エー」とアルファベット読みにする時も、組織であることを示す the を伴う。ただし口語では the が落ちることもある。

40. a

「元 CIA エージェント」はたくさんいるので、そのうちのひとりを表す a が付く。

the の慣用的な用法

定冠詞 the には実にさまざまな慣用的な用法があり、日本人には悩ましいものです。ここでは知っていると冠詞の理解が深まったり、ニュアンスの違いがわかったりする使い方を集めました。正解するのがむずかしい練習問題もあるかもしれませんが、気楽に楽しんで取り組んでください。

『フローチャートでわかる英語の冠詞』p.111–116 参照

the の慣用的な用法 | 練習問題

▌▍ 全体をまとめる the

Q. 括弧内には the が入りますか、それとも無冠詞ですか。

> ヒースロー空港で**鈴木家**の皆にさよならを言った時、私たちは泣いてしまいました。
>
> We were all in tears when we said good-bye to (　**1**　) **Suzukis** at Heathrow Airport.

1. the

Suzuki という姓に複数形の s を付けグループとしてまとめる the を付けることで「鈴木家」という家族全体を表す。the Suzukis は the Suzuki family と同義。

130

Q. 括弧内には **a, the** のどちらが入りますか、それとも無冠詞ですか。

ケネディ家は何十年もの間、アメリカ政治で重要な役割を果たしてきた。

(**2**) **Kennedys** have played a significant role in American politics for decades.

ケネディ家の一員であることは、世間の注目を浴びながら暮らすことである。

Being (**3**) **Kennedy** means living under the spotlight of public attention.

2. The

第35代アメリカ大統領 John F. Kennedy を出したケネディ家は、アメリカでは有名であり The Kennedys『ケネディ家の人びと』というテレビドラマも作られている。Kennedy を複数形にして集団をまとめる the を付けると「〜家」を表す。

3. a

a Kennedy は「〜家の一員」という意味になる。

Q. 括弧内には **a, the** のどちらが入りますか、それとも無冠詞ですか。

防弾少年団とも呼ばれる BTS は、7人のメンバーからなる韓国のポップ・グループです。

BTS, also known as (**4**) **Bangtan Boys**, is a South Korean pop group consisting of seven members.

野球選手ランディー・メッセンジャーは、自身の引退セレモニーで「ずっと**タイガースの一員**として選手生活を送る機会を与えられ、**タ**

イガース球団に感謝しています」と語った。

At his retirement ceremony, baseball player Randy Messenger said, "I'd like to thank (**5**) **Tigers** for giving me the opportunity to spend my whole career being (**6**) **Tiger**."

4. the

Bangtan Boys は普通名詞 boys を含む名前なので、グループとしてまとめる the を付ける。

5. the

日本や米国の野球の球団名は普通名詞の複数形で構成されるが、the を付けることで全体を集団としてまとめている。

6. a

the Tigers という球団名は選手（a Tiger）の集まりとの意味もあり、a Tiger は「タイガースの一選手」を表す。

▌ 対比の the

Q. 括弧内には the が入りますか、それとも無冠詞ですか。

子供たちは**善悪**の区別をつけるすべを学んだ。
The children learned how to tell (**7**) **right** from (**8**) **wrong**.

7. 無冠詞 または the

right は多義語で、ここでは「正しいこと、善、正義」を表す名詞である。[U] と [C] の両方の使い方がある。

8. 無冠詞 または the

wrong は「正しくないこと、悪、不正」を表す時は [U] 名詞として、「悪事、非行」など出来事として数えられる時は [C] 名詞として使う。

7, 8とも [U] 名詞として使う時は無冠詞で、tell right from wrong と言える。

「正しいもの（善）」と「悪いもの（悪）」を対比させる場合、tell the right from the wrong と言うことがある。

Q. 括弧内には a, the のどちらが入りますか、それとも無冠詞ですか。

港町に住んでみたいですか？

Do you want to live in (　**9**　) **seaport town**?

週末は**都会と田舎**とどちらで過ごしたいですか？

Where do you want to spend your weekend, (　**10**　) **city or** (　**11**　) **country**?

---

9. a

「港町」ならどこでもよい時は a seaport town となる。ここでいきなり the にすると、「その港町」の意味になり相手は「どこのこと？」と戸惑う。

10. と 11. the

このように「都会」と「田舎」を並べて比べる時は両方に the を付けるのが適切。

Q. 括弧内には the が入りますか、それとも無冠詞ですか。

この国の**東**から**西**に旅行すると、伝統と建築スタイルの素晴らしいコントラストを体験できます。

Traveling the country from (　**12**　) **east** to (　**13**　) **west**, you can experience a fascinating contrast in tradition and architectural styles.

この国の**北部**では雪が降って冬が寒く、**南部**では一年中穏やかな気候と暖かい気温に恵まれています。

(**14**) **north** of the country experiences colder winters with snowfall, while (**15**) **south** enjoys a milder climate and warmer temperatures throughout the year.

12. と 13. the または 無冠詞

東西南北を示す時は通常それぞれの方角に the を付ける。特に、並べて書く時には対比の the が使われる。ただし east, west とも [U] 名詞として使うこともあり、無冠詞で from east to west とも言う。

14. と 15. the

ここでも国の北部と南部という対立する項目が並んでいるために the が使われる。

∎ **ワンポイントアドバイス** ∎

練習問題で見てきたように、一方が決まればもう片方も決まるような対立する概念を示す名詞を並べる時に、しばしば対比の the が付く。

the right – the left	右 – 左、保守派 – 革新派
the front – the back	前 – 後ろ
the individual – the group	個人 – 集団
the beginning – the middle – the end	始め – 中間 – 終わり
the past – the present – the future	過去 – 現在 – 未来

『フローチャートでわかる英語の冠詞』p.112 参照

▌| 「かの有名な」the

Q. 括弧内には **the** が入りますか、それとも無冠詞ですか。

A:　My name is (　**16**　) **Poirot**.　　ポアロと申します。

B:　Poirot?　　　　　　　　　　　　ポアロ？

　　　Not (　**17**　) **Hercule Poirot**?　まさかあの有名なエルキュー

　　　　　　　　　　　　　　　　　　　ル・ポアロじゃないよね？

A:　Yes, I am.　　　　　　　　　　私です。

---

16. 無冠詞

　固有名詞（名前）は無冠詞。

17. the

　名前に the を付けると「かの有名な」の意味になる。

Q. 括弧内には **a, the** のどちらが入りますか、それとも無冠詞ですか。

スイス人テニス選手のロジャー・フェデラーは 2022 年に競技テニス
から引退した。

(　**18**　) **Swiss tennis player** Roger Federer retired from competitive
tennis in 2022.

スイス人テニス選手であるロジャー・フェデラーは 2022 年に競技テ
ニスから引退した。

Roger Federer, (　**19**　) **Swiss tennis player**, retired from competitive
tennis in 2022.

---

18. 無冠詞 または The

　Swiss tennis player が固有名詞を形容詞のように修飾する時は無冠詞で

よい。ただし The Swiss tennis player Roger Federer もありで、その時この the は「かの有名な」「大手の」を意味する。

　　ほかの例：global electronics giant Samsung

　　　　　　　電子部品の世界大手サムスン

　　　　　　　(the) leading pharma company Johnson & Johnson

　　　　　　　（かの有名な）製薬会社大手のジョンソン・エンド・ジョンソン

19. a または the

カンマで囲まれた部分 Swiss tennis player は文法的に説明すると Roger Federer と同格でどんな人物かという説明を加えている。スイス人のテニス選手は何人もいるので、通常は「そのうちの一人」を表す a が入る。同格の説明でも the Swiss tennis player にすると、「かの有名な」という意味になる。

▍抽象化する the

Q. 括弧内には the が入りますか、それとも無冠詞ですか。

初めに**雰囲気をほぐす**エクササイズをしよう。

First, let's do some exercises to **break** (　20　) **ice**.

目は**心の窓**である。

The eyes are (　21　) **windows of the soul**.

マーケティングチームは**達成しやすい目標**に焦点を合わせることに決めたが、競争相手がすでに好機をすべてとらえていることに直ちに気付いた。

The marketing team decided to focus on (　22　) **low-hanging fruit**, but soon realized all the good opportunities had already been taken by

---

their competitors.

20. the

break the ice はパーティーやミーティングなどの場で初対面の人たちの緊張をほぐすことを言うフレーズである。ここで the ice は堅苦しい雰囲気の比喩。the を付けない break ice だと「（本物の）氷を割る」の意味になってしまう。

21. the

日本語の似たことわざは「目は口ほどに物を言う」。目を「窓」に例えているのは、覗き込めばその内側にあるものが見えることを表し、eyes が複数なので windows も複数にする。the をつけると抽象化による比喩が可能になる。

22. the または 無冠詞

the low-hanging fruit の文字通りの意味は「低い位置にぶらさがっている果物」で収穫しやすいことから、「達成しやすい目的や仕事、容易に解決できる課題」の比喩として使われる。the が省略されることもある。

| Step 1, Step 2, Step 3 |

仕上げ問題

練習問題　56 問

　では、Step 1, Step 2, Step 3 で学習したことを、「仕上げ問題」で確認しましょう。

これまでは冠詞選択フローチャートのステップ毎の判断に焦点を当て、問題に取り組んできました。仕上げ問題では、Step 1 から Step 3 までを通して判断する練習をします。初めに考え方のサンプルを示します。次の2文で単語 demand にどの冠詞をあてればいいか、フローチャートを辿りながら判断していきましょう。

労働組合は力を結集してギグワーカーの権利を守るための**強い要求**をしている。

Labor unions have joined forces to make (　**1**　) **strong demand** for the protection of gig workers' rights.

Step 1　「要求」の意味の demand は [C] 名詞で数えられる。

Step 2　demand は「単数」の形。

Step 3　「強い要求」はどのようなものか相手は知らないから、a が入る。

だから、

1. a

需要と供給の関係が市場におけるモノの価格を決める。

The relationship between supply and (　**2**　) **demand** determines prices of goods in a market.

Step 1　「需要」の意味の demand は [U] 名詞で数えられない。

Step 2　数えられないのでこのステップはスルー。

Step 3　ここで需要は「どの需要」なのかわからず、限定されていない。

よって、

2. 無冠詞

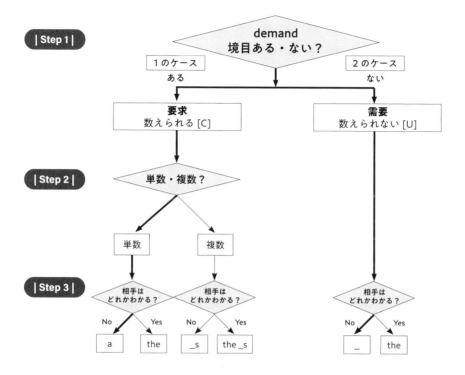

|Step 1|
demand
境目ある・ない？
1のケース　ある
2のケース　ない

要求
数えられる [C]

需要
数えられない [U]

|Step 2|
単数・複数？

単数　複数

|Step 3|
相手は
どれかわかる？
No　Yes
a　the

相手は
どれかわかる？
No　Yes
_s　the _s

相手は
どれかわかる？
No　Yes
_　the

　このように単語が属するカテゴリーを見極めることで、正しい冠詞を選べるようになります。

Step 1, Step 2, Step 3　仕上げ問題

Q. 括弧内には a, the のどちらが入りますか、それとも無冠詞ですか。

昨日は**過去のこと**、明日は謎、そして今日は神様からの**贈り物**。
Yesterday is (　3　) **history**, tomorrow is (　4　) **mystery**, but today
is (　5　) **glft** of God.

141

だから今日は**プレゼント**（present）と呼ばれる。
That is why it is called (6) **present**.

3. 無冠詞

アメリカの漫画家 Bil Keane（1922-2011）の言葉。まず Step 1 で history の可算・不可算カテゴリーを判断する。history は「歴史、過去」を指す時は [U] 名詞で無冠詞。[C] 名詞だと「歴史書」の意味になる。

4. a

mystery は「謎のようなこと」の意味の時、数えられる出来事として認識されるので [C] 名詞（Step 1）。初出の単数形（Step 2）で読み手には「どの謎かわからない」ので a が適切（Step 3）。

5. a

gift「贈り物」も1個、2個と数えられる。A of B の of フレーズで A が単数 [C] 名詞の場合、「全体の数」を考える必要がある。「神様からの贈り物」はたったひとつではなく世の中にたくさんあるはずなので one of many の a が適切。

6. the

present は「プレゼント（贈り物）」と「現在」のダブル・ミーニングで使われている。

「現在」the present はコミュニケーションの相手も同じ状況にいて相互理解があるのでいきなり the を使える（Step 3）。

また「過去、現在、未来」と言う時は、the past, the present, the future と「対比」を示す the が使われる。

Q. 括弧内には a, the のどちらが入りますか、それとも無冠詞ですか。

月は日が経つにつれ**新月**から**満月**へと大きくなるように見える。
(7) **moon** appears to grow larger from (8) **new moon** to

(9) **full moon** as the days go by.

土星には **100 個以上の衛星**があるとわかっていて、この数は太陽系では一番多い。

Saturn has (10) **over 100 known moons**, the largest number in the solar system.

雲に隠れて**銀色に輝く月**が見えた。

We saw (11) **silver moon** hidden behind clouds.

7. The

moon（月）は [C] 名詞と判断する（Step 1）。地球には月が唯一の衛星であり、単数（Step 2）であり、moon は誰もが知っている唯一の存在なので、the が付く（Step 3）。

8. a

地球にとって月は唯一の存在であるが、満ち欠けにより見える姿が変わり、変化は一定周期で繰り返される。「新月」は目に見えない月で、形容詞 new によってほかの姿と区別されるので、a が付く。また繰り返し訪れる新月のひとつを示す a と考えてもよい。

9. a

上記と同じ理由で a full moon になる。a half moon（半月）や a crescent（三日月）も同様に a を伴う。

10. 無冠詞

ここで moon は「（惑星の）衛星」を意味する [C] 名詞。土星には地球の月にあたる衛星が 100 個以上あるため、moon は複数形で moons になる。初出なので the は付かずに無冠詞。

11. a

形容詞 silver で修飾されているため、ほかと異なる様子の月という「区別」が意識され不定冠詞 a が付いて a silver moon となる。似た例に a blue moon がある。「青い月」はまれに青く見える月を表し、慣用句の

once in a blue moon は「ごくまれに」を意味する。

北海道では**春**でもスキーやスノボをすることができる。

In Hokkaido, you can go skiing or snowboarding even in (　**12**　) **spring**.

ジャガイモの収穫は、**寒い春**のせいで昨年に比べて 10 パーセント減った。

The potato harvest was down 10 percent from the previous year due to (　**13**　) **cold spring**.

このランは**春**からずっと**夏**まで咲きます。

These orchids bloom through (　**14**　) **spring** and well into the **summer**.

1980 年代、私はサンフランシスコでバーテンダーとして働きながら**ひと春**を過ごした。

Back in the 1980s, I spent (　**15**　) **spring** in San Francisco working as a bartender.

娘は**この春**小学校に入学する。

My daughter will enter elementary school in (　**16**　) **spring**.

12. the または 無冠詞

季節の名前は一般的に、無冠詞または the を付ける用法どちらもある。気候としての春が意識される時は無冠詞 spring がよく使われる。一年を春夏秋冬の 4 つに分けて捉える時は、ほかの季節と対比を示す the が

つき the spring となる。

13. a

形容詞 cold が付くことで「寒い春」となりほかの春と区別が生じるため、a が付く。

14. the

この文では、春と夏を並べていて the summer が続いている。そのため対比の the を付けて the spring とする。ただし両方無冠詞の through spring and well into summer でも構わない。

15. a

spring が一年を4つに分けた「3か月」という期間を示す時は、始まりと終わりが明確なので [C] 名詞となる。この場合は spring を複数形にして spent two springs（ふた春）とすることもできる。

「1980 年代」は 1980 ～ 1989 の年をまとめる the を付けて the 1980s とする。この the を忘れる人が多いので注意。

16. the

この文脈では、今年の春であることがはっきりしているので、単に「春」を指す無冠詞 spring は使えず、the で限定する必要がある。

Q. 括弧内には a, the のどちらが入りますか、それとも無冠詞ですか。

人新世（アントロポセン）について聞いたことがありますか？
Have you heard of (**17**) **Anthropocene**?

人新世は**新しい地質年代**を表し、人間活動が**地球**の気候、地質や生態系に重大な影響を与えていると考える科学者により提案されました。
It is (**18**) **new geological epoch** proposed by some scientists who think human activities have had a significant impact on the climate, geology, and ecosystems of (**19**) **earth**.

「人類の時代」とも呼ばれる、**人新世**は 20 世紀**半ば**に始まったとされています。

(**20**) **Anthropocene**, or the age of humans, is said to have begun in (**21**) **middle** of the 20th century.

17. the

「人新世」は最近よく耳にする単語で、現在を含む新しい地質世代のこと。特定の時代を表すので定冠詞 the が付き the Anthropocene となる。

18. a

epoch は [C] 名詞（Step 1）の単数形（Step 2）である。初出で相手が知らない（Step 3）ので a が正しい。

19. the

「地球」は唯一なので the earth。地球を太陽の惑星として語る文脈では無冠詞で大文字の Earth として使う。ほかの惑星 Mars, Venus, Saturn, Jupitar も固有名詞として無冠詞・大文字の表記。

20. The

17 と同じ。

21. the

middle は「真ん中、中央、中間」を指すので限定する the が付く。また「始まり、中間、終わり」のような対比の関係を示す時も the が付く。

the beginning – the middle – the end

Q. 括弧内には **a, the** のどちらが入りますか、それとも無冠詞ですか。

昨日、**高熱**と**ひどい咳**が出た。

I ran (**22**) **high fever** and had (**23**) **bad cough** yesterday.

インフルエンザが流行っているので、すぐに**医者**に行った。

As (**24**) **flu** is going around, I went to see (**25**) **doctor** right away.

幸い、**風邪**だと言われた。

Luckily, he diagnosed me with just (　**26**　) **cold**.

でも風邪から**肺炎**になることもあるので、1日中**寝**ていた。

But I stayed in (　**27**　) **bed** all day, thinking a cold could turn into

(　**28**　) **pneumonia**.

22. a

fever は「熱、発熱」の意味で [C] と [U] の両方に使える。high など形容詞で修飾されると a が付くことが多い。

23. a

cough は [C] 名詞で単数形で使うことが多い（複数形は coughs）。a cough は「一回の咳」とは限らず、「咳が（何度も）出る状態・症状」も表す。そのため咳が出て収まらない症状を a bad cough と単数で表現できる。

24. the

flu は influenza の略。インフルエンザはある時期に多くの人が罹患する病気で、このような流行り病にはしばしば the が付けられる。

25. the または a

Step 3 で the なのか a なのか判断する。I went to see the doctor の場合、かかりつけの医者にかかったことを示す。相手は状況から the doctor は「いつもの医者なんだな」とわかる。I went to see a doctor の場合は、診てもらえる医者ならだれでもよかった場合で「ある医者」という感じになる。

26. a

風邪のようにしょっちゅうかかる日常的な病気や症状は、出来事として数えるので a cold と言う。

27. 無冠詞

Step 1 で bed が [C] か [U] かを判断しなくてはならない。「寝てる」という行為を表す時、bed は抽象的な「寝るところ」を表すので [U] 名詞として stay in bed とする。

28. 無冠詞

「肺炎」などの医学的な病名は通常無冠詞で使う。

▌ワンポイントアドバイス▐

病気の名前の冠詞に迷う時は、日常的な病なのか、医学的な病名がある病なのか、流行り病なのかでほぼ判断できる。

・**日常的な病気・症状：a/an**（複数形にもなる）

風邪 **a cold**、熱 **a fever**、頭痛 **a headache**、

腹痛 **a stomachache**、歯痛 **a toothache**、痛み **a pain**

・**医学的な病名：無冠詞**

癌 **cancer**、糖尿病 **diabetes**、盲腸 **appendicitis**

白血病 **leukemia**、拒食症 **anorexia**

・**流行り病：the**

インフルエンザ **the influenza**、おたふくかぜ **the mumps**、

みずぼうそう **the chickenpox**

新型コロナウイルスは **Coronavirus disease 2019** と呼ばれ、短縮形は **COVID-19**。病名だけの場合は、いずれも無冠詞で使う。

Q. 括弧内には **a, the** のどちらが入りますか、それとも無冠詞ですか。

ChatGPT は**カリフォルニアに本社があるテクノロジー会社** Open AI が開発した**生成 AI ツール**です。

ChatGPT is (　**29**　) **generative AI tool** developed by Open AI,

(　**30**　) **California-based technology company**.

このツールはユーザーの質問に答える、**ウェブ・コンテンツ**を作成する、**文章**を書く、記事を要約するなどのさまざまな機能を持っています。

This tool has many capabilities such as answering users' questions,

creating (　**31**　) **web content**, writing (　**32**　) **text**, and summarizing

articles.

29. a

tool は [C] 名詞（Step 1）で単数（Step 2）。初出で相手がそれとわからない（Step 3) のでaが付く。

30. a

「カリフォルニアに本社があるテクノロジー会社」はたくさんあるので、そのうちのひとつを表すaが付く。

31. 無冠詞

ウェブ上の文書、画像、ビデオなどを表す content は [U] 名詞なので無冠詞。

32. 無冠詞

「文書」を意味する text は [U] と [C] と両方の使い方があるが、ここでは text が単数の形なので無冠詞で [U] 名詞として使うのが自然（writing a text とすると「一通のメッセージを書く」なので不自然）。

携帯のテキストメッセージを指す時は He sent me a text. のように数えられる名詞として使われる。誰かに "I'm only a text away." と言われたら、「携帯でメッセージを一回送信するだけで、すぐに連絡がつくよ」という意味。

Q. 括弧内には a, the のどちらが入りますか、それとも無冠詞ですか。

日本で、**カプセル玩具**は子供ばかりでなく大人にも人気です。

(**33**) **capsule toys** are popular not only among children but also adults in Japan.

カプセル玩具はハンドルが付いた小さな自動販売機で買えます。

You can buy (**34**) **capsule toys** from small vending machines with handles.

硬貨を**販売機**に入れて**ハンドル**を回すと、**ミニフィギュア**が入った**カプセル**が転げ出ます。

Put coins in (**35**) **machine** and turn (**36**) **handle**, and (**37**) **capsule** containing (**38**) **miniature figure** falls out.

フィギアの**テーマ**は、本物のような昆虫からアニメのキャラクター、そして歴史的建造物など非常に多様です。小さなカプセルには日本の精巧な技術が詰まっています。

(**39**) **themes** of these figures range widely from realistic insects to anime characters, and even historical buildings. Small capsules are packed full of Japanese ingenuity.

---

33. 無冠詞 Capsule

ここでは「カプセル玩具」を総称している。「人気だ」と言っているので世の中に数多く存在することが前提になるため、無冠詞複数の総称表現が適切。単数形の a は使えない。[C] 名詞の総称表現については p. 158–164 参照。

34. 無冠詞

capsule toys が2度目に使われているが、ここでも総称し続けているので無冠詞複数。

35. a

玩具の自動販売機はいろいろな場所に設置されていて、そのどれでもよいので a が正しい。

36. the

どれでもよい a machine に付いている唯一のハンドルなので the handle になる。ここで a handle だと世の中にあるハンドルなら何でもよいことになり、意味が通じない。

37. a

どのカプセルが出てくるのかはわからないので、one of many を示す a が付く。

38. a

どんなフィギアが入っているかもわからない。たくさんあるうちのひとつなので a。

39. The または 無冠詞 Themes

A of B の of フレーズで名詞 A が複数の場合、the が付くことが多いが、the を省略して無冠詞でも使える。

Q. 括弧内には a/an, the のどちらが入りますか、それとも無冠詞ですか。

> ペットフード協会の推計によると、全国でペットとして飼われている猫と犬の数は 2022 年に 1590 万匹に達し、同年の子供人口 1465 万人を超えた。
>
> According to (　**40**　) **estimate** by (　**41**　) **Japan Pet Food Association**, (　**42**　) **number** of cats and dogs kept as pets reached about 15.9 million nationwide in 2022, exceeding the child population of 14.65 million in the same year.
>
> ペットを「家族」とみなす飼い主が増えるにつれ、日本の**ペット産業**は拡大している。

With more owners regarding their pets as "family members," (**43**) **pet industry** is expanding in Japan.

たとえばトリミングや爪切りなどの犬のグルーミングへの**需要が伸び**ている。

For example, there is (**44**) **growing demand** for dog grooming, such as trimming and clipping.

このようなサービスの**料金**は最近上昇していて、自分の美容院代より飼い犬のトリマーに高い料金を支払っている飼い主もいるようだ。

(**45**) **prices** of these services are rising, and some pet owners are said to pay more for their dog groomers than their own hairdressers.

40. an

estimate「推計」は個別に数えられるもので [C] 名詞。協会の行った推計は他にもあるはずなので one of many の a が付く。

41. the

普通名詞の組み合わせによる組織の固有名詞には the を付ける。

42. the

「～の数」といっているので the。a number of だと「多くの」という意味になる。

43. the

日本のペット産業はひとつに特定されるので the。

44. a

「需要」の意味の demand は [U] 名詞だが growing で修飾されると a が付く。

45. 無冠詞 Prices または The

A of B の of フレーズで名詞 A が複数の場合は、the が付いたり付かなかったりする。数が漠然として多いと感じられる時は無冠詞が多い。

Q. 括弧内の単語を適当な形に変えてください。

色とりどりのパプリカは**ビタミン**、ミネラルなどの**すばらしい栄養源**です。**パスタ**や**サンドイッチ**に加えることができます。

Colorful bell peppers are (　**46 great source**　) of nutrients such as
(　**47 vitamin**　) and (　**48 mineral**　). They can be added to
(　**49 pasta**　) and (　**50 sandwich**　).

46. a great source

「すばらしい栄養源」はいろいろあり得るので one of many を表す a great source が適切。

47. vitamins

vitamin「ビタミン」は [C] 名詞で、vitamin A, B, C…など種類がたくさんあるので無冠詞複数形にする。

48. minerals

mineral「ミネラル」も [C] 名詞で種類が多様なので無冠詞複数形が適切。

49. pasta

pasta「パスタ」はもともとイタリア語で、麺類全般やその料理を表す時は [U] 名詞。ここでは無冠詞で総称する。

50. sandwiches

sandwich「サンドイッチ」は1個2個と数えられる [C] 名詞。総称表現として無冠詞複数形の sandwiches が適切。

Q. 括弧内に emission を適当な形にして入れてください。

研究チームはさまざまな半導体材料からの光の**放射**について調べた。

The research team studied light (　**51 emission**　) from a variety of semiconductor materials.

地球の脱炭素化は二酸化炭素の**排出量**を減らすために必要である。

Decarbonizing the planet is necessary to reduce CO2

(　**52　emission**　).

51. 無冠詞 emission

「放射、排出、放出」という概念を表す時、emission は [U] 名詞なので無冠詞で使う。

52. emissions

具体的な「放射物、排出物」を示す時は通常複数形 emissions とする。

Q. 括弧内の単語を適当な形に変えてください。

スペイン語で「男の子」を意味するエルニーニョは、**熱帯太平洋**で海水の表面温度が平均より高くなる自然現象である。

El Nino, which means "the little boy" in Spanish, is a natural

phenomenon in which sea surface temperatures in

(　**53　tropical Pacific Ocean**　) stay warmer than average.

エルニーニョは世界の一部の地域では洪水を、ほかの地域では**干ばつ**をもたらす。

El Nino causes **floods** in some regions of the world and

(　**54　drought**　) in others.

東南アジアやアフリカでは、深刻な干ばつが穀物**不作**の原因となり、その結果、主に途上国で食料インフレや**食糧危機**がしばしば起こる。

In Southeast Asia and Africa, severe droughts cause crop

(　**55　failure**　) often resulting in food inflation and

(　**56　food crisis**　) mainly in developing countries.

53. the tropical Pacific Ocean

海の名前には定冠詞が必要。形容詞の tropical が付いていても同様。

ほかの例：the Atlantic Ocean（大西洋）、the Indian Ocean（インド洋）、
the Mediterranean Sea（地中海）

54. droughts

drought は [C] と [U] 両方に使える。複数の地域で起こる干ばつなので [C] 名詞として使い複数形 droughts とする。

55. failures

failure は [C] と [U] 両方に使える。ここでは主語が複数 droughts なので多発する出来事として failures とするとよい。

56. food crises

in developing countries で複数の国が言及されているので、複数形 crises が適切。

[C] 名詞の総称表現

関係詞で修飾された名詞、of フレーズ（名詞 A of 名詞 B の形）の名詞

| [C] 名詞の総称表現 |

練習問題　23 問

| 関係詞で修飾された名詞、of フレーズ（名詞 A of 名詞 B の形）の名詞 |

練習問題　38 問

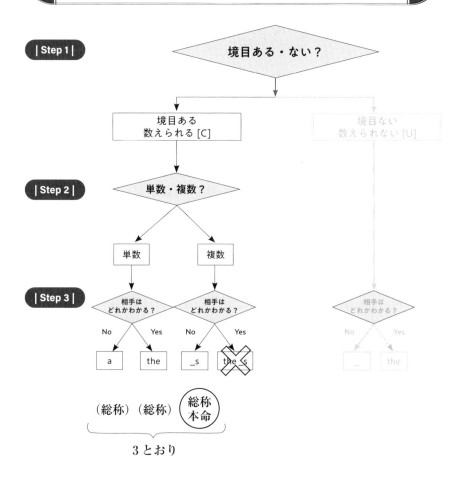

| Step 1 |

境目ある・ない？

境目ある
数えられる [C]

境目ない
数えられない [U]

| Step 2 |

単数・複数？

単数

複数

| Step 3 |

相手は
どれかわかる？

相手は
どれかわかる？

相手は
どれかわかる？

No　　Yes

No　　Yes

No　　Yes

a　　the

_s　　the _s

_　　the

（総称）（総称）　総称
本命

3とおり

　何かに一般的に言及する時「総称する」と言います。フローチャートを見るとわかるように、可算名詞の総称表現には【無冠詞複数】、【a＋単数】、【the＋単数】という3つの形があります。

カピバラは南米原産の哺乳類である。

Capybaras are mammals native to South America. 　最も一般的に使える

A capybara is a mammal native to South America. 　定義文で使う

The capybara is a mammal native to South America. 学術的・抽象的

多数の個体が存在するものを総称するには、【無冠詞複数】が最も使いやすく安定しています。そして、3 つの形があると言っても、実際には文脈により【a ＋単数】や【the ＋単数】の総称は使えないケースがあり、注意が必要です。このふたつの形は特殊な用途で使いこなせれば十分です。

『フローチャートでわかる英語の冠詞』p.120–134 参照

[C] 名詞の総称表現　　練習問題

▌| 無冠詞複数の総称

Q. 括弧内に **book** と **mystery** を適当な形にして入れてください。

A:	Do you read (**1**)?	本は読みますか？
B:	Yes.	はい。
A:	What kind of (**2**) do you like?	どんな本が好きですか？
B:	I like (**3**).	ミステリーが好きです。

1. books

質問は習慣として「本を読むか否か」を聞いているので、【無冠詞複数】books で本を総称する。a book だと「世の中のどれでもいい 1 冊の本」を意味するため不自然。the book だと「その本」になり、いきなり聞

かれた相手は「どの本？」と戸惑う。

2. book または books

a kind of, a sort of, a type of などに続く名詞は、たとえ [C] 名詞であっても慣用的な用法では単数無冠詞で使う。

　ほかの例：a type of virus, many kinds of computer

ただし What kind of books として複数形を使うこともある。

3. mysteries

「（小説などの）ミステリー」を意味する時、具体的な作品を 1 冊、2 冊と数えられるので mystery は [C] 名詞。I like... に続く単語は【無冠詞複数】で総称する。a mystery だと「世の中に存在するある 1 冊が好き」という意味不明の文になってしまう。the mystery だと「そのミステリー」なので聞き手にはわからない。また無冠詞で mystery と言った場合は、「本のミステリー」ではなく抽象的な [U] 名詞「私は神秘（なぞ）が好き」の意味になる。

Q. 括弧内に **capybara** を適当な形にして入れてください。

＜動物園にて＞

A:　南米ゾーンの**カピバラ**を見にいこう！

　　　Let's go see (　**4**　) in the South American zone!

B:　いやだ、見たくない。

　　　No, I don't want to see them.

A:　なんで？

　　　Why not?

B:　**カピバラ**は嫌い。

　　　I don't like (　**5**　).

　　　カピバラって実は大きなネズミなんだよ。

　　　(　**6**　) are actually giant rodents, you know.

---

4. the capybaras

「訪れている動物園の南米ゾーンにいるカピバラ」に限定されるため複数形 capybaras に the が付く。

5. capybaras

「カピバラ全般」を総称しているので【無冠詞複数】capybaras にする。I don't like a capybara. だと「世の中にいるある一匹のカピバラが嫌い」という意味不明の文になる。

I don't like the capybara. だと「その特定のカピバラが嫌い」という意味にとられる。

6. Capybaras

動詞が are なので主語は複数形にする必要がある。ここでもカピバラを総称しているので、無冠詞の capybaras が自然。A capybara is actually a giant rodent. とも言えるが、辞典などでの定義文のようにも聞こえる。カジュアルな日常会話では、学術的に聞こえる The capybara is... とは言わない。

Q. 括弧内に dinosaur を適当な形にして入れてください。

恐竜に興味を持つ子供が多い。

Many children are interested in (　**7**　).

息子の拓都もそのひとりだ。彼は**恐竜**、とくに肉食（carnivorous）**恐竜**が大好きだ。

My son Takuto is one of them. He loves (　**8**　), especially carnivorous (　**9**　).

---

7. dinosaurs

「恐竜」は過去の生き物だが、かつて多数生息していたので、総称する時は無冠詞複数 dinosaurs が自然。

8. dinosaurs

2度目の「恐竜」の言及でも、「どれ」と限定していないので the は付かない。

9. dinosaurs

「肉食恐竜」も大まかな分類で多数の個体が存在していたので、【無冠詞複数】で総称するのが適切。

Q. 括弧内には下記の A, B, C のうちどれが入りますか。

都会の通勤者の間で**電動自転車**の人気が高まっています。

(**10**) gaining popularity among city commuters.

e バイクとも呼ばれる電動自転車は、通勤者の健康を増進し交通渋滞を減らすことができます。

Also called e-bikes, electric bikes can improve the health of commuters and reduce traffic jams.

A. Electric bicycles are

B. An electric bicycle is

C. The electric bicycle is

---

10. A. Electric bicycles are または C. The electric bicycle is

「人気がある popular」や「広まっている widespread」など多数の存在が前提となる文の場合、単数名詞で総称するのは不自然なので【無冠詞複数】による総称が適切。[the 単数]でもよいが、文脈の中で「それ」と特定せず総称だとわからせるのは日本人にはむずかしい。

第2文の electric bikes も「どれ」と特定されていないので、2度目の言及ではあるが無冠詞複数で総称している。

▐ 定義文の a

Q. 括弧内には下記の A, B, C のうちどれが入りますか。

立方体とは 6 つの正方形に囲まれた立体形状である。

(**11**) a solid shape with six square faces.

    A.   Cubes are

    B.   A cube is

    C.   The cube is

11. B. A cube is または C. The cube is

「立方体」を定義する文で、1 体に対して 6 面という数の対応を明確に示せる【a ＋単数】の総称がふさわしい。The cube is も使える。the だと「立方体というものは」という感じ。相手がわかる「その、例の」を表す the との使い分けに自信がなければ A cube is を使うのが無難。無冠詞複数 Cubes を主語にしても間違いではない。しかし

    Cubes are solid shapes with six square faces.

とすると一個の立体に 6 つの面があることが表現できない。この場合は each などを足す工夫が必要。

    Cubes are solid shapes with six square faces each.

Q. 括弧内には下記の A, B, C のうちどれが入りますか。

ワイヤレス・ルーターは一個のインターネット接続を複数のデバイスと共有する装置です。

(**12**) a device that shares a single internet connection with multiple devices.

A.   Wireless routers are

B.   A wireless router is

C.   The wireless router is

12. B. A wireless router is

これは【a＋単数】で総称するのが最適な定義文である。router を主語に置いてどのようなものかを説明している。a wireless router と a single internet connection の両方が単数なので、一対一の数の対応が明確でわかりやすい。

A. の無冠詞複数形を使うと、Wireless routers are a device となり＜複数のルーター＝1個の装置＞の関係になるので主語と補語が一致しない。装置を複数形にして Wireless routers are devices that share a single internet connection とすれば文法的には正しいが、「複数のルーターがひとつのインターネット接続を共有する」という意味になってしまう。

また **C.** の The wireless router を主語にすると、「その、例のルーター」を指すようにも読めるため文意があいまいになる。

‖ ワンポイントアドバイス ‖
【a＋単数名詞】の形は、a が付く単語を主語に用いる定義文に向いている。特に主語と関連するアイテムの数の呼応を示したい時に便利。

‖ 身体部位・発明品・種を総称する the

Q. 括弧内には **a, the** のどちらが入りますか、それとも無冠詞ですか。

肝臓は**人体**の最も重要な臓器のひとつである。

発展コース

[C] 名詞の総称表現

(**13**) **liver** is one of the most important organs in (**14**) **human body**.

13. The

ひとつかふたつしかない身体の部位や器官を総称する時には【the＋単数】を使う。【the＋単数】による総称表現は英語ノンネイティブにとって難しいが、「身体部位の the」は覚えて使いこなせるとよい。ここでは「肝臓」という臓器を総称しているので the を使う。

14. the

「人体」を総称する時も the human body とする。a human body だと具体的な一体を感じさせる。

Q. 括弧内には a, the のどちらが入りますか、それとも無冠詞ですか。

警備員が私の腕をつかんで、「ここにいろ」と言った。
A security guard grabbed me by (**15**) **arm** and said, "Stay here."

15. the

この場合、「腕」は右か左か、片方か両方かが問題ではなく、首や肩などほかの部分ではなく「腕」であることを示している。そのような時は身体の部分を総称する the が使われる。

Q. 括弧内に eye を適当な形にして入れてください。

ドライアイを防ぐ最良の方法のひとつは、うるおい補給目薬で2時間ごとに目を潤おすことです。
One of the best ways to prevent **dry** (**16**) is to use lubricating eyedrops to moisten (**17**) every couple of hours.

165

16. eye

「ドライアイ」は目の疾病を表しているので無冠詞で dry eye（病気の名前は通常、無冠詞）。

17. the eyes

「身体の部位」なので the を付ける。目はふたつあるので the eyes になる。ほかのふたつある臓器・器官も同様で the lungs「肺」、the kidneys「腎臓」として【the ＋複数形】にする。

Q. 括弧内に computer を適当な形にして入れてください。

> **コンピューターを発明したのは誰ですか？**
> Who invented (　**18**　)?
>
> 最初のデジタル自動計算器を考案したのはイギリス人数学者のチャールズ・バベッジだと考えられています。
> English mathematician Charles Babbage is considered to have
> designed the first digital automatic computer.

18. the computer

発明品は「今まで世の中に存在していなかったもの」であるため、プロトタイプ「〜というもの」を表す最も抽象度の高い総称表現【the ＋単数】を使う。これは「発明品の the」として動詞 invent とともに使うとよい。

Q. 括弧内に wheel と roller を適当な形にして入れてください。

> マヤ文明は技術的な進歩を遂げていたことがわかっています。
> The Mayan civilization is known to have been technologically
> advanced.

しかしマヤ人は**車輪**を発明しなかった。

But the Mayans did not invent (　**19**　).

ではどうやって道路やピラミッドを作ったのか？

How did they build roads and pyramids?

彼らは石などの重いものを動かすのに丸太の**ローラー**を使った。

They used (　**20**　) made of logs to move heavy objects, such as stones.

19. the wheel

発明品の車輪に言及するので、「発明品の the」を付けて the wheel とする。この文では文字通り「車輪を発明する」という意味で invent the wheel が使われているが、実はこのフレーズは「わざわざ一からやり直す」や「（初歩的なことで）むだな努力をする」を表す慣用表現としても使われる。「発明し直す」の動詞 reinvent を使い、reinvent the wheel とも言う。

20. rollers

多数のローラーがイメージされる文脈であるから、無冠詞複数 rollers の総称がふさわしい。例文で roads, pyramids, objects, stones は、すべて無冠詞複数形による総称表現である。

Q. 括弧内には下記の **A, B, C** のうちどれが入りますか。

ジャイアント・パンダはもはや絶滅危惧種に分類されていません。

(　**21**　) no longer classified as an endangered species.

保護活動の結果、ジャイアント・パンダは現在、国際自然保護連合（IUCN）のレッドリストでは「危急種」に分類されています。

Thanks to conservation efforts, (**22**) now classified as "vulnerable" on the Red List of the International Union for Conservation of Nature (IUCN).

  A. Giant/giant pandas are
  B. A/a giant panda is
  C. The/the giant panda is

21. C. The giant panda is

The giant panda is は【the ＋単数】による総称で、動物を「種（species）」として捉える時、the で種全体の集団をまとめる総称が使われる。これは「種の the」として覚えるとよい。このような絶滅に関する文脈では **B.** の A giant panda is は使えない。なぜなら種は多数の個体から成るため。「ある 1 匹のパンダが絶滅危惧種である」という文はナンセンス。

22. C. the giant panda is または A. giant pandas are

「危急種」の話をしているので、the giant panda が使える（アカデミックな響き）。ただし「ジャイアント・パンダ」を一般的に無冠詞複数 giant pandas で総称することも可能。

Q. 括弧内には下記の A, B, C のうちどれが入りますか。

チューリップはオランダの国花である。
(**23**) the national flower of the Netherlands.

  A. Tulips are
  B. A tulip is
  C. The tulip is

23. C. The tulip is

この文では「（桜でも、薔薇でもなく）チューリップ」という感じで「種」
としてチューリップを捉えている。そのため「種をまとめる the」を使っ
て The tulip とするのが適切。

A tulip is だと「ある一本のチューリップが国花」という意味になり変で
ある。

　Tulips are はいろいろな種類の具体的なチューリップをイメージさせ
るので、国花のような象徴としての花を指すにはふさわしくない。

問題の選択肢にはないが、無冠詞 Tulip だと無形の数えられないものを
表すので不適切。

　また、オランダの正式名称は the Kingdom of the Netherlands だが、
the Netherlands だけで表記されることが多い。Netherlands（オランダ
語では Nederland）は「低い土地」という意味の普通名詞であるため、
固有名詞として国全体を示す時には the が付く。

▌ワンポイントアドバイス ▌

【the ＋単数】の総称表現は学術的な文章でよく用いられる。「それ、
例の」を表わす the との使い分けがむずかしいので、すでに取り上げ
た以下の3つの用途で使いこなせるとよい。

- 身体部位の the
- 発明品の the
- 種の the

関係詞で修飾された名詞、of フレーズ（名詞 A of 名詞 B の形）の名詞

このセクションでは次の２点にフォーカスして冠詞の使い方を練習します。

- 関係詞で修飾された名詞
- of フレーズ（名詞 A of 名詞 B の形）の名詞

　このふたつを取り上げた理由は、英語を書くとき冠詞選択が特に難しいと感じる人が多いからです。確かに関係詞や前置詞を伴う名詞では、a か the を迷うケースは増えます。しかし基本は変わりません。冠詞フローチャートに沿って数を考え、「たくさんあるうちのひとつ」なのか、「唯一のもの」なのかを判断することで適切な冠詞を選択できます。

『フローチャートでわかる英語の冠詞』p.140–152 参照

関係詞で修飾された名詞、of フレーズ（名詞 A of 名詞 B の形）の名詞　練習問題

▌関係詞による修飾

Q. 括弧内には a と the のどちらが入りますか。

> ＜コーチングのアドバイス＞
>
> （コーチング相手の）一人ひとりが「**自分は大したものだ**」と思えるようにさせる、そんな**コーチ**になりなさい。

Be (**1**) **somebody** who makes everybody feel like (**2**) **somebody**.

1. the

コーチングでは対象の各人が自身の能力に自信を持てるようにしよう、と伝える文。ここで somebody は「ひとかどの人物、相当な人、名うての者」を意味する [C] 名詞で、who 節でどんな人物かを詳しく説明している。the を付けると「まさに xx のような人物」という感じになる。

2. a

コーチング相手が「自分は somebody (= a person of some importance)」であると感じられるように、とのアドバイスなので、a によって「一人ひとりが自分は somebody である」と表すことができる。

Q. 括弧内には a と the のどちらが入りますか。

昨晩、亡き父の夢を見た。
Last night, I had (**3**) **dream** about my late father.

昨晩見た**夢**に亡き父が出てきた。
(**4**) **dream** I had last night was about my late father.

3. a

父親の夢は何度も見ることがあるので「たくさんあるうちのひとつ」を表す a が付く。

4. The または A

「昨晩見た夢 (that は省略されて) I had last night」と限定されているので the が付けられる。一方、一晩にいくつも夢を見ることがある。そんな夢のひとつの話をしているなら、a dream も可能である。

Q. 括弧内には a と the のどちらが入りますか。

オーストリアのザルツブルクで、私たちはモーツァルトが産まれた**家**を訪れた。

In Salzburg, Austria, we visited (**5**) **house** where Mozart was born.

そのあと**カフェ**に行って、サイフォンで淹れたコーヒーとおいしいケーキを楽しんだ。

Afterwards, we went to (**6**) **café** where we enjoyed siphon coffee and delicious cake.

---

5. the

モーツァルトが産まれた家は「唯一」なので the。

6. a

サイフォンで淹れたコーヒーとおいしいケーキを提供するカフェは何軒もあるため、たくさんあるうちのひとつを表す a が付く。

Q. 括弧内には a と the のどちらが入りますか。

２時間に１本しか来ない**バス**に乗り遅れた。

I missed (**7**) **bus** that only comes once every two hours.

絶好の機会が訪れた。**チャンス**を逃すな！

The window of opportunity has opened. Don't miss (**8**) **bus**!

---

7. a または the

a bus のシチュエーションとしては、バスの時刻表を確認せずにバス停に着いたら２時間に１本のバスが今行ったばかり、というのが考えられる。少ないけれど１日に何本かは来るバスのひとつなので、a になる。

状況によっては the bus もあり得る。「○時○分のバスに乗る」と決め
ていて、「その特定のバス」に乗り遅れたのであれば、the になる。状
況から聞き手は「乗る予定のバスに乗り遅れたんだな」と推察できるか
ら、いきなり the が使われることもある。

8. the

Don't miss the bus. は慣用表現で「チャンスを逃すな」の意味。bus で
なくて boat を使うこともある。bus (boat) は具体的な乗り物ではなく「好
機、チャンス」の比喩なので、抽象化する the が付く。

‖ ワンポイントアドバイス ‖

関係詞（that, which, where など）で修飾された名詞は、相手がどれか
わかるほど限定されていれば the を伴う。ところが that 節や where 節
で修飾されているからといって、先行する単数名詞に必ず the が付く
わけではない。[C] 名詞の場合は、被修飾語の指すものが「唯一」な
のか「たくさんあるうちのひとつ」なのか考えて、the か a のどちら
が適当か判断する。

Q. 括弧内には the が入りますか、それとも無冠詞ですか。

おじいちゃんが爆笑物の**滑稽な逸話**を聞かせてくれた。

Grandpa told us (**9**) **witty anecdotes** that had us all in fits of
laughter.

長年の間におばあちゃんから聞いた**逸話**のなかで大のお気に入りは、
私の名前にまつわる話です。

Out of all (**10**) **anecdotes** I've heard from Grandma over the
years, my favorite is the one about my name.

9. 無冠詞

that 節で爆笑するような面白い話であると説明している。そのような話は多数あり、「それ」と限定できないので無冠詞のまま。

10. the

「長年の間におばあちゃんから聞いた逸話」は数えようと思えば数えられるので、限定の the が付く。また out of と言うためには母集団の範囲が決まっているはずで、全体をまとめる the が必要。

▎ of フレーズ：単数の [C] 名詞

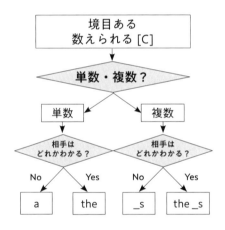

Q. 括弧内には a/an と the のどちらが入りますか。

> 新しい 1 万円札の**裏**には東京駅の**図柄**が描かれています。
> (**11**) **back** of the new 10,000 yen note carries (**12**) **image** of Tokyo Station.

11. The

A of B の of フレーズで名詞 A が単数の場合、「唯一」なら the、いくつ

かあるうちのひとつならaが必要。「1万円札」には表か裏しかないので、「裏」は唯一でtheが付く。

12. an

東京駅の図柄は世の中に数えきれないほどあるので「そのうちのひとつ」を表すaが付く。もしここでthe image of Tokyo Stationとすると、いきなり言われた相手は「どの図柄？」と疑問をもつことになる。

Q. 括弧内にはaとtheのどちらが入りますか。

> あなたが提出した所得税申告書の**コピー**は、最新の申告書の**コピー**ですか？
>
> Is (**13**) **copy** of the tax return you submitted (**14**) **copy** of your latest tax return?

13. the

「あなたが提出したコピー」は「相手がどれかわかる」唯一のものなのでthe。

14. a

「最新の申告書のコピー」は何枚も作成できるので、そのうちのひとつを示すaになる。

Q. 括弧内にはaとtheのどちらが入りますか。

> 図書館は知識の**宝庫**だ。
>
> A library is (**15**) **treasure house** of knowledge.
>
> 正倉院は奈良にある東大寺の**宝庫**です。
>
> Shosoin is (**16**) **treasure house** of Todaiji Temple in Nara.

15. a

「知識の宝庫」と呼べるものはほかにもあり得るので、one of many を示す a が付く。

16. the

上記では比喩として treasure house「宝庫」を使っていたが、こちらは具体的な本物の建物に言及している。東大寺の宝庫に限定されているので the が付く。

Q. 括弧内には a と the のどちらが入りますか。

歌人でフェミニストでもある与謝野晶子は、日本において女性の権利を**強く擁護した人**だ。

Poet and feminist Yosano Akiko was (**17**) **passionate advocate** of women's rights in Japan.

ブータンの第四代国王である Jigme Singye Wangchuck は、国民総幸福量 (GNH) という概念を最初に**提唱した人物**である。

Jigme Singye Wangchuck, the fourth King of Bhutan, is (**18**) **first advocate** of the concept of Gross National Happiness (GNH).

---

17. a

女性の権利を強く擁護する人物はたくさんいるので、one of many を示す a が付く。

18. the

first は一番目を示す序数で、唯一を示す the が付く。

Q. 括弧内には **a/an** と **the** のどちらが入りますか。

KY は日本語の「空気を読め」の**省略形**です。

KY is (**19**) **abbreviation** for the Japanese phrase "*kuuki wo yome.*"

この表現に**相当する英語表現**は "read the room" です。

(**20**) **English equivalent** of this phrase is "read the room."

その場に居る人の**全体的な雰囲気**を察知するよう、相手に伝える口語表現です。

It tells a person to appraise (**21**) **general mood** of the people in a given situation.

このフレーズで、**単語 room** は文字通りの「部屋」ではなく、ミーティングなどの特定の**場**を意味します。

(**22**) **word "room"** here does not literally mean (**23**) **room**, but rather a setting, such as a meeting.

---

19. an

KY は 2007 年頃の流行り言葉で、「空気」の K と「読め」の Y を組み合わせて「空気を読め」の略語として使われるが、建築用語では「危険予知」を意味する。このように KY はいろいろな言葉の abbreviation として使われるので、たくさんあるうちのひとつを示す an abbreviation が正しい。

20. The

「KY に相当する英語表現」と特定されているので the。

21. the

ある場の general mood「全体的な雰囲気」は一種類なので the。

22. The

単語が room に限定されているので定冠詞を使う。

23. a

世の中にある部屋のうちどれでもいいので a が正しい。

▍不足・過剰の of 句

Q. 括弧内には **a** と **the** のどちらが入りますか。

我が国では、**人手不足**の産業がある一方で、**余剰人員**を抱えている産業がある。

In our country, some industries have (　**24**　) **shortage of labor**, while others have (　**25**　) **surplus of workers**.

日本の 22 年度の**貿易赤字**は 21.7 兆円を記録した。

Japan recorded (　**26**　) **trade deficit** of ¥21.7 trillion in fiscal 2022.

24. a

A of B で「不足」(shortage, deficiency) を表現するとき単数の名詞 A には a が付く。

25. a

「過剰」(excess, surplus) の表現でも同様で a/an が適切。

26. a

deficit も「不足（赤字)」を表す。a が適切。

Q. 括弧内には **a** と **the** のどちらが入りますか。

貧血はしばしば鉄分の**不足**で起こる。

Anemia is often caused by (27) **lack** of iron.

熱意が**完全に欠けて**いたから、提携は失敗に終わった。

(28) **total lack** of enthusiasm caused the alliance to fall part.

27. a または 無冠詞

lack は [U] 名詞で無冠詞。または [C] 名詞化して a を付けて使う。決して複数形にはならない。

28. A

total などの形容詞で修飾されると a が付くケースが多い。

▌ of フレーズ：複数の [C] 名詞

Q. 括弧内には the が入りますか、それとも無冠詞ですか。

この出会い系アプリの**アクティブユーザー**はほとんどが Z 世代です。

(29) **active users** of this dating app are mostly Gen Z.

リアル・タイムであなたのウェブサイトの**アクティブユーザー**を追跡する方法があります。

There is a way to track (30) **active users** of your website in real time.

29. The または 無冠詞 Active users

A of B の of フレーズで、名詞 A が複数の時は通常 the を付ける。ただし出会い系アプリ（英語では dating app と呼ぶ）のユーザーは多数いて範囲も漠然としているため、the を付けずに無冠詞でもよい。the を付けるか付けないかは揺れがあり、人によっても異なる。「Z 世代」を表す Gen Z は Generation Z の省略形で、1990 年代後半から 2000 年代

前半に産まれた世代を指す。

30. the または 無冠詞

active users を track「追跡、トラッキングする」ときには、何人がサイトにアクセスしたかを調べるはずで、all を意味する the を付ければ active users の全員を示す。ただし、ここでも数が多くて範囲も漠然としている場合、the が省略されることがある。

Q. 括弧内には the が入りますか、それとも無冠詞ですか。

公共交通機関を使う**通勤者**は、最近の運賃上昇について不平を漏らした。

(**31**) **commuters** using public transport complained about a recent increase in fares.

通勤者の多くは、もしストライキになったら交通手段が何もないと言った。

Many of (**32**) **commuters** said they would have no means of transportation if the strike happened.

---

31. 無冠詞 Commuters

commuters は何人かわからず非常に多いと思われる。using public transport が通勤者を修飾しているが、範囲が広く特定するほどではないので、無冠詞でよい。

32. the

many of, some of, xx percent of など「〜のうちの多くは・いくらか・XX パーセントは」という表現の場合、of に続く母集団は特定されているので the が付く。

▋ of フレーズ：[U] 名詞

Q. 括弧内には the が入りますか、それとも無冠詞ですか。

教育における生成 AI の**利用**は倫理的で責任あるものでなくてはならず、多くの学校がポリシーとガイドラインを確立しようとしている。

(**33**) **use** of generative AI in education should be ethical and responsible, so many schools are trying to establish policies and guidelines.

---

33. The または 無冠詞 Use

A of B の of フレーズで名詞 A が数えられないものの場合、通常は the が付く。ただし単語によっては、文頭の the が省略され無冠詞になることもある。use は the の省略をよく見かける。

Q. 括弧内には the が入りますか、それとも無冠詞ですか。

ソーシャル・メディアの**普及**でわたしたちが日々晒される**情報の量**が増大している。

(**34**) **spread** of social media has increased (**35**) **volume of information** we are exposed to everyday.

デジタル・メディア・リテラシーは個人の**情報安全性**を確保するのに大事だ。

Digital media literacy is important for ensuring (**36**) **information security** of individuals.

---

34. The

A of B の of フレーズで名詞 A が不可算の場合、通常は the でよい。

35. the

volume「量」は「情報の」に限定されているので the。

36. the

34 同様、名詞 A が数えられない名詞の場合、通常は the が付く。

Q. 括弧内には a, the のどちらが入りますか、それとも無冠詞ですか。

この乗り物の**最高時速**は 200 キロとなっている。

(**37**) **maximum speed** of this vehicle is 200 km/h.

この乗り物は**最高時速** 200 キロで走れる。

This vehicle drives at (**38**) **maximum speed** of 200 km/h.

---

37. The

「この乗り物の」と言っているので最高速度は唯一に限定されるから the。

38. a

「最高時速 200 キロ」はある一点の物理量を表すため a が付く。公式【a ＋物理量＋ of ＋数値（単位）】を当てはめられる。

長文問題

練習問題　60問

　では、最後に「長文問題」で総仕上げです。レストランのコース・メニュー、チケット・サービスの案内、email の文面、求人情報、会社情報、ビジネス会話など、さまざまなものを用意しました。

　問題を解いたあと、解説もよく読んでください。

本書では３つのステップから成るフローチャートに基づき、[C] か [U] か・単数か複数か・相手はどれかわかるか否かなどの問いに答えながら名詞を分類し、それにより適切な冠詞を選ぶ練習をしてきました。まったく同じ名詞でも状況、すなわちコンテクスト（context）により使われる冠詞はどんどん変化します。言い換えると、個々の名詞にふさわしい冠詞を決める要素としてコンテクストはとても重要です。最後に長文の練習問題を用意したので、コンテクストの中で適切な冠詞を選んでください。

長文問題

Q. 括弧内の単語をそれぞれ適当な形にしてください。

注意するポイント：各名詞の [C]・[U] を見極める Step 1 から始める。

Today's Course - $79.95 all-inclusive

(**1 Appetizer**)

Crab Delight
Fresh crabmeat with tarragon and champagne vinegar, served with toasted pita bread, radishes, and dill.

Mediterranean Fusion
Tomato and onion salad with (**2 olive**), feta (**3 cheese**), and sun-dried (**4 tomato**) on a bed of (**5 lettuce**).

Raspberry Camembert Canapé

Camembert on 7-grain toast with raspberry jam and cracked black pepper.

Grilled Asparagus Perfection

Grilled asparagus with hollandaise sauce, served with rosemary (**6 Bread**).

(**7 Entrée**)

Lemon-infused Chicken

Oven-baked chicken on saffron (**8 rice**) with wild (**9 mushroom**). Assorted (**10 bread**) included.

Mesquite-grilled Swordfish

Swordfish steak with lemon (**11 butter**) and mixed (**12 vegetable**).

Dessert

Hot Apple Pie Delight: Classic apple pie with vanilla ice cream.

Beverages

Coffee or Tea

---

1. 複数形 Appetizers

「前菜」appetizer は異なる種類があり区別できるので [C] 名詞。このメニューには複数の前菜があるので s が必要。

2. 複数形 olives

「オリーブ」は 1 個、2 個と数えられるので [C] 名詞。丸い形のままサラダに入っているオリーブは複数形にする。

3. 無冠詞 cheese

「チーズ」には決まった形（境目）がないため [U] 名詞。

4. 複数形 tomatoes または 無冠詞 tomato

「トマト」は丸のままの実は [C] 名詞で、スライスしたり潰したりしたら元の形と境目が失われるので [U] 名詞として認識される。sun-dried（太陽で干した）とあるが、実を干して個々の形を留めている場合は複数形で sun-dried tomatoes となるが、スライスして提供される場合は sun-dried tomato になる。

5. 無冠詞 lettuce

「レタス」は [C]・[U] 両方の使い方がある。丸い玉の状態を [C] 名詞扱いして a lettuce と言ったり、[U] 名詞として a head of lettuce と言ったりする。a bed of lettuce はレタスの葉を何枚か敷き詰めた上にサラダ材料を盛り合わせていることを示す。この場合は、もはや 1 個の形を成さない lettuce なので [U] 名詞として扱う。

6. 無冠詞 bread

「パン」は素材・食材として捉えられると [U] 名詞。数える時は a piece/loaf/bun/slice of bread など、「形」を示す単位が必要。toast も同様で「トースト 1 枚」は a piece of toast という。「パンもトーストも形はあるのになぜ数えられないもの？」と日本人にはよくわからない感覚だが、さまざまな形に切って提供できるから「決まった境目がない」と認識されるのかもしれない。

7. 複数形 Entrées

フランス語由来の単語 entrée は米語では「メインの料理」を指す [C] 名詞。当メニューではチキン（chicken）とメカジキ（swordfish）の 2 皿があるので複数形にする。

8. 無冠詞 rice

1 個の米粒（a grain of rice）は形があり、境目があるが、ここでは米粒が集まった「米飯（ライス）」としてとらえている。決まった形も境目もない食べ物になるので、[U] 名詞。

9. 複数形 mushrooms

「マッシュルーム」は個別の形がはっきりしているので数えられる名詞。

10. 複数形 breads

No. 6 では「素材・食材」として [U] 名詞だった bread だが、ここでは「種類」が認識され「いろいろな種類のパン」ということで [C] 名詞になる。このような [U] → [C] への認識の変化が理解できると冠詞の理解が深まる。

11. 無冠詞 butter

「バター」は物質・素材で決まった形がないので [U] 名詞。

12. 複数形 vegetables

「野菜」は [C] 名詞。mixed ということは複数の野菜を示しているので複数形にする。

Q. 括弧内には a, the のどちらが入りますか、それとも無冠詞ですか。

注意するポイント：[C] 名詞ならば、「唯一」を示す the が必要なのか、「いくつかあるうちのひとつ」を示す a が必要なのかの判断。

Thank you for using Southside Airlines' electronic ticket service.

When checking in at (　**13**　) airport, kindly have (　**14**　) printed copy of your e-ticket. Remember to present your passport and any required visas at

(　**15**　) check-in counter. You are advised to arrive at the airport at least two hours before (　**16**　) scheduled departure time. For additional information, please take (　**17**　) moment to review the airline industry standards and contract conditions available on our website at www.SouthsideAirlines.com.

We value your business and eagerly anticipate serving you. Have (　**18**　) pleasant flight with Southside Airlines!

13. the

まず Step 1 で airport（空港）が [C] 名詞か [U] 名詞かを判断する。[C] 名詞で単数なので、Step 3 に進み a なのか the なのかを考える。この文章は、航空会社が自社の顧客向けに書いているため、お互いの状況の相互理解が前提になる。airport は「相手がわかる（読み手が訪れる）空港」なので the が付く。

14. a

copy（コピー）は [C] 名詞であり、e チケットの印刷コピーはいくつもとれるので one of many を表す a になる。

15. the

check-in counter（チェックイン・カウンター）はこの航空会社（Southside Airlines）のカウンターに限定されるので the。

16. the

各人が乗る飛行機の scheduled departure time（予定出発時刻）は唯一に決まっているので the。

17. a

「少しの間」を示す moment は [C] 名詞で、take a moment は「少し時間を割く」の意味。似た表現に Wait a moment, Just a moment などがあり「ちょっと待って」を表す。

18. a

flight（フライト）は個々に区別ができる出来事なので [C] 名詞。航空会社は常に「快適なフライト pleasant flight」の提供を心掛けていて、そのうちのひとつを示す a が付く。

Q. 括弧内には a, the のどちらが入りますか、それとも無冠詞ですか。

注意するポイント：相手との知識の共有を前提とした the。
コミュニケーションの相手が「どれかわかる」ものに付く the（Step 3）。

Dear Mr. Page,

I regret to inform you that (　**19**　) parts you ordered last week cannot be shipped on time. Earlier this week, our factory encountered (　**20**　) mechanical issue, which has caused a delay in dispatching our products according to (　**21**　) original schedule.

Nevertheless, I am pleased to inform you that our factory has resolved the problem and is now operating normally. Your order will be shipped promptly, and you can expect to receive (　**22**　) parts by Thursday morning, 22nd August.

Please be assured that (　**23**　) quality of the parts is guaranteed.

Best regards,
Emi Vandenberg

19. the

parts（部品）が you ordered last week「あなたが先週注文した」ものに限定され、もちろん「相手にもどれかわかる」ので the が必要。

20. a

mechanical issue（機械の問題）はいろいろある中のひとつであり、読み手にはどんな問題かわからないので a になる。

21. the

original schedule（もともとのスケジュール）は唯一であり、相手にもわかるので the が必要。

22. the

parts（部品）は上記の your order の言い換えであり、同じものであることを示す the が必要。

23. the

quality は [U] 名詞。of フレーズ（A of B）で名詞 A の quality は「あなたが注文した部品の品質」と限定されるので the になる

Q. 括弧内には **a, the** のどちらが入りますか、それとも無冠詞ですか。

注意するポイント：[C] 名詞ならば、「唯一」を示す the が必要なのか、「いくつかあるうちのひとつ」を示す a が必要なのかの判断。

Job Opportunity: Systems Engineer for Parker Electronics Manila Office

Parker Electronics is actively seeking (24   ) exceptionally skilled systems engineer to lead our Manila office, scheduled to open its doors in October. This extraordinary opportunity offers (25   ) perfect platform for (26   ) ideal candidate to grow in tandem with us as we embark on our exciting journey into the thriving Philippine market.

To qualify for this role, you should possess the following essential qualifications:

- M.S. degree in engineering or a related field
- (27   ) minimum of ten years' proven experience as a seasoned systems engineer
- Preferably, (28   ) background in direct management
- While (29   ) Philippine nationality is preferred, foreign applicants with a valid work visa are also eligible for consideration
- Willing to take on risk when necessary

If you meet these criteria and are ready to take your career to new heights, we eagerly await your application. Join us at Parker Electronics and be part of (30   ) exciting future in Manila!

24. an

exceptionally skilled systems は engineer を修飾している。このように名詞の前に修飾語が 2 〜 3 個置かれると、engineer に対して冠詞が必要になるが無冠詞で使っているのをよく見かける。無冠詞の engineer は「数えられない人」になってしまうので注意が必要。

engineer は [C] 名詞で単数なので、ふさわしい冠詞は an か the のいずれかである。初出で特定されていないので不定冠詞が来る。

25. a または the

a perfect platform は「申し分のない、理想的な」を意味するが、ほかにも同様の platform があることを含意する。the perfect platform にすると「唯一」の意味が出るので「完璧な」を強調する表現になる。

26. the

the ideal candidate は「最も理想的な人」という強調のニュアンス。

27. A

minimum は of 句で数値が後に続く場合、あるひとつの最小量を表すため a になる。

28. a

この background は「経歴、前歴、経験」の意味である。direct management「直接的なマネージメント」の経験はいろいろ考えられ、ここでは特定できないので one of many の a が必要。

29. 無冠詞

nationality「国籍」は [C] と [U] の両方の使い方がある。「フィリピン国籍」の場合は無冠詞で Philippine nationality。

30. an

future が形容詞 exciting で修飾されると「わくわくするような未来」の意味になり、ほかの様相の未来とは区別がつくので a が付く。

Q. 括弧内には **a, the** のどちらが入りますか、それとも無冠詞ですか。

注意するポイント：a か the かの判断。[C] 名詞の総称表現。

(**31**) emoji is a pictogram that depicts an emotion. Emojis are widely used because they are (**32**) great way to express feelings that cannot be described simply in words. The word "emoji" is now in the *Merriam-Webster Dictionary*. Besides emojis, people use emoticons. The word "emoticon" is a combination of "emotion" and "icon." (**33**) emoticons are made by typing letters and punctuation marks to represent facial expressions, such as **:-)** for (**34**) smile, **:-(** for (**35**) frown, and **:-D** for (**36**) laughter. Many English-speaking people think that "emo" in the word emoji represents "emotion." But the word comes from the Japanese words "e" and "moji" for "picture" and "letters." (**37**) similarity between (**38**) two is purely coincidental.

---

31. An または The

日本語の「絵文字」は世界中で人気を集め emoji として英語の辞書にも収録されている。外国語が英語に取り入れられる場合、初めのうちは [U] 名詞として扱われ、言葉が普及するにつれて [C] 名詞に変わることが多い。An emoji is で定義すると、1 個の絵文字でひとつの感情を表現できることが明確になる。

　全体をまとめる the を付けて The emoji とすることも可能だが、少し堅い感じになる。

　続く第 2 文では emojis で、【無冠詞　複数】の総称表現を使っている。このように同じ文章内で、異なる総称の形を使っても構わない。

32. a

a great way to express... で「言葉だけでは伝えられない感情を表現するのに素晴らしい方法」と言える。絵文字以外にも感情表現の手段はあるので「いくつかあるうちのひとつ」を示す a が適切。

33. 無冠詞 Emoticons

emoticons（顔文字）は2度目の言及であるが、総称し続けているので無冠詞。

34. a

「ほほえみ、笑い、微笑」と日本語にすると数えられない気がするが、smile は [C] 名詞。単数で特定されていないので a が必要。

35. a

「しかめ面、渋い顔」も数えられない気がするが、frown は [C] 名詞。単数で特定されていないので a が必要。

36. 無冠詞

「笑い」を表す laughter は [U] 名詞で a が付けられないので注意。

37. the

ここでは「似ている」対象が emoji と emoticon の2つである。「この2つの単語の類似点（similarity）」と限定されるので the が付く。

38. the

emoji と emoticon の2語を示すためには the が必要。

Q. 括弧内には a, the, 無冠詞のうちどれが入りますか。単語が記入されている場合は、単数・複数どちらが適切でしょう。

注意するポイント：役職の冠詞、単数・複数の見極め。

Markas Global Investments, Inc., a leading equity management firm with \$750 billion in (　**39 asset・assets**　), has appointed Melinda Thompson as (　**40**　) new CEO, succeeding Bill Reynolds, who retires in October. As (　**41**　) head of the Asia-Pacific region, Thompson oversaw (　**42**　) remarkable 100% increase in accounts managed by the company. Originally from Hong Kong, she graduated with top honors from (　**43**　) New York Metropolitan University and gained extensive (　**44 experience・experiences**　) in Europe,

South America, and the Middle East before assuming her current role two years ago. In the Middle East, she was among (　**45**　) first to recognize (　**46**　) value of life insurance investments for retirement planning, now standard in the region. Thompson has been with Markas Global Investments since 2012.

39. assets

asset は「資産、財産」の意味で通常は複数形で使う。

　ほかの例：fixed assets 固定資産、assets and liabilities 資産と負債

40. the または 無冠詞

「唯一」を表す the を付けて the new CEO とするか、「役職、役割」に重点を置く無冠詞 new CEO とするか、両方の使い方がある。動詞 appoint で役職が補語になる時は無冠詞で使う。

　ほかの例：She was appointed CEO.

41. the または 無冠詞

「唯一」を表す the を付けて the head とするか、「役職、役割」に重点を置く無冠詞 head とするか、両方の使い方がある。

42. a

「増加」を表す increase は [U] と [C] の両方の使い方がある。ここでは 100% という数値を伴っているため [C] 名詞として a が必要になる。

43. 無冠詞

大学名は【of ＋地名・人名】を伴う形ではない時は無冠詞。

44. experience

漠然とした概念として「経験」という時は [U] 名詞として無冠詞 experience を使う。extensive experience は「長い期間にわたるさまざまな経験（many experiences over a long period of time）」を概念としてまとめて表すフレーズ。

45. the

(be) among the first to... は「〜は〜する最初の人（もの）」であるの意味の慣用表現。「一番」に限定されているので the が付く。

46. the

of 句で「life insurance investments（生命保険への投資）の価値」と限定されているので the が付く。

Q. 括弧内には **a, the** のどちらが入りますか、それとも無冠詞ですか。

注意するポイント：[C] 名詞の総称表現と限定の the。

A: These days, we often come across the term DX.

B: What does DX mean?

A: DX stands for "Digital Transformation," which is (　**47**　) process of using digital technologies for a variety of innovations, such as to improve business efficiency, solve labor shortages, and reform working practices—to name a few.

B: Why is "transformation" abbreviated with (　**48**　) X?

A: (　**49**　) letter X is often used to mean "trans" in English. Another example is BX for "Business Transformation."

B: I see. Then, what's (　**50**　) difference between DX and digitization?

A: (　**51**　) digitization refers to the process of converting analog information into a digital format. For example, you transform a printed manual into digital data, then you can store and process it electronically. (　**52**　) digitization is an important step in DX, but it is not the same thing. DX aims at making revolutionary changes in (　**53**　) organization's overall business model or strategy by leveraging digital technologies.

---

47. the

ここで process は using digital technologies と A＝B の関係になっている。このような of フレーズでは名詞 A に the が付く。technologies が

複数形になっているのは「いろいろな種類がある」との意識を反映している。無冠詞単数の形の digital technology だと「デジタル技術」全般を指す。

48. an

X はアルファベットの文字として使うが、[C] 名詞として 1 個、2 個と数えることもできる。an X は「ひとつの X」を表す。発音が「エックス」と母音で始まるので不定冠詞は an になる。

49. The

「X という文字」で限定されるので the letter X になる。第 1 文目の the term DX も同様の理由で the が付いている。

50. the

「A と B の違いは何ですか」という質問をする場合、the difference と言えば「違いがあることはわかるが、その内容がわからない」状態で、最も特徴的な違いを教えてもらえることが期待できる。一方、「私は違いがわからない」という時には、通常 I cannot tell a difference. と言い difference には a を使う。これは「自分にとっては存在するのか否かわからない違い」を the で特定できないためである。

51. 無冠詞 Digitization

「デジタル化」を示す digitization は [U] 名詞であり、ここでは総称として使っている。そのため無冠詞。

52. 無冠詞 Digitization

この文章で digitization は何度も出てくるが、ずっと総称している。そのため、2 度目であろうと 3 度目であろうと無冠詞のまま使う。

53. an

「組織の全体的なビジネスモデル」と言っているが、ここで「組織 organization」は特定されていない。そのため one of many を示す a を使う。

Q. 括弧内には **a, the** のどちらが入りますか、それとも無冠詞ですか。また単語が入っている場合は、単数・複数どちらが適切でしょう。

注意するポイント：[C] 名詞の総称表現。

(**54**) e-scooters, also known as *dendo kikkubodo* (electric kickboards) in Japanese, are becoming popular as (**55**) mode of transportation in large cities. (**56**) e-scooter is a stand-up scooter powered by an electric motor attached to a board with two or three wheels.

In Japan, (**57**) e-scooter riders must be aged 16 years or older, and they need not have a driver's license. As of August 2023, riders are not required to wear helmets, although they are highly recommended.

E-scooters are typically allowed on public roads and bike lanes, and sometimes even on walkways. In addition to privately owned e-scooters, many businesses are launching rental services. Users can rent (**58**) e-scooters through smartphone apps and pay for their usage time. These rental services often require riders to follow specific guidelines and park (**59**) e-scooters in designated areas.

E-scooters are environmentally friendly because they produce lower (**60 emission・emissions**) than gasoline-powered vehicles.

---

54. 無冠詞 E-scooters

「電動キックボード」は英語で e-scooter と呼ばれ [C] 名詞である。ここでは総称していて becoming popular と言っているので、多数の個体がイメージされる。そのため【無冠詞複数】の総称表現が最適。

55. a

A of B の of フレーズでは名詞 A の前に機械的に the を付けてしまう人

を見かける。ところが、少し立ち止まって考えると「大都会での交通形態、手段」は自転車、バイクなど多様であり e-scooter はそのうちのひとつでしかない。「たくさんあるうちのひとつ」を示す a が適切。

56. An

ここでは動詞が is で a stand-up scooter が続くので、主語は単数形でないといけない。主語の位置に置かれ、e-scooter を定義する文なので An が正しい。An e-scooter を主語にすると、電気モーターや板が 1 台に 1 個で車輪がふたつか 3 つという「数の対応」がはっきりする。【a ＋単数名詞】による総称が適切なケースである。

57. 無冠詞

「電動キックボードに乗る人」を【無冠詞複数】の e-scooter riders で総称している。

58. 無冠詞

文章全体でずっと e-scooters を総称している。ここでも無冠詞複数で使う。

59. the

ここでは「レンタルサービスでユーザーが借りた e-scooters」とかなり限定されているので the がふさわしい。

60. emissions

「排出物」の意味なので複数形の emissions が正しい。

無冠詞単数の emission だと [U] 名詞で「放出、排出」という概念を表す抽象名詞になってしまう。

おわりに

　『フローチャートでわかる英語の冠詞』では、英語と日本語で見るものの世界の違いを示し、適切な冠詞を選ぶには違いの認識が必須であると指摘しました。ただ、英語の考え方を理解しても実際に使おうとすると、ここは a かな the かな……と迷ってしまうのではないでしょうか。迷いをなくすには、ひたすら練習するしかありません。

Practice makes perfect.

　練習は嘘をつかない。このことわざは真実です。読者の皆さんには、数多くのドリル問題を解いて英語の感覚を身に着けていただけますことを祈っております。

　最後になりましたが、本書の執筆と刊行にあたっては、編集者の金子靖さんと英語校正者の岩渕デボラさんほか、多くの方々に多大なご支援を頂きました。心より感謝いたします。

遠田和子

著者

遠田和子（えんだかずこ）

日英翻訳者、翻訳学校講師。青山学院大学文学部英米文学科卒業。著書に『フローチャートでわかる　英語の冠詞』『究極の英語ライティング』『英語でロジカル・シンキング』（研究社）、『Google 英文ライティング』（講談社）、『英語「なるほど！」ライティング』、『あいさつ・あいづち・あいきょうで3倍話せる英会話』（講談社、岩渕デボラと共著）などがある。訳書に *Rudolf and Ippai Attena*（講談社、共訳）、*Traditional Cuisine of the Ryukyu Islands: A History of Health and Healing*（出版文化産業振興財団、共訳）ほか。

＊ホームページ→ https://www.wordsmyth.jp/

英文校閲者

岩渕デボラ（いわぶちでぼら）

日英翻訳家、エディター、群馬県立女子大学講師。
有限会社南向き翻訳事務所取締役。

＊ホームページ→ https://minamimuki.com/

編集協力

高橋由香理・滝野沢友理

組版・レイアウト

古正佳緒里・山本太平

社内協力

三谷裕

英語冠詞ドリル

● 2024 年 1 月 31 日　初版発行 ●

● 著者 ●

遠田和子

Copyright © 2024 by Kazuko Enda

発行者　●　吉田尚志

発行所　●　株式会社　研究社

〒 102-8152　東京都千代田区富士見 2-11-3

電話　営業 03-3288-7777（代）　編集 03-3288-7711（代）

振替　00150-9-26710

https://www.kenkyusha.co.jp/

KENKYUSHA

装丁　●　久保和正

組版・レイアウト　●　渾天堂

印刷所　●　図書印刷株式会社

ISBN 978-4-327-43103-7 C1082　Printed in Japan

研究社の出版案内

遠田和子先生の大好評既刊

フローチャートでわかる英語の冠詞

3つのステップで
冠詞が正しく使える

遠田和子〔著〕

A5 判 並製　184 頁
ISBN 978-4-327-43101-3

英語でロジカル・シンキング

英語で説得できる力を
身につけるために

遠田和子〔著〕

A5 判 並製　192 頁
ISBN 978-4-327-43097-9

究極の英語ライティング

「英語らしく書く」を
極めたい人のために

遠田和子〔著〕
岩渕デボラ〔英文校閲〕

A5 判 並製　228 頁
ISBN 978-4-327-43092-4